한자의 원형분석

이야기 한문

최성일 지음

현우사

이야기 한문

책머리에

누구나 좋아하는 기호가 있지만 사람마다 즐기는 방법은 다르다. 특히 새롭고 흥미로운 것을 알게 되었을 때, 어떤 사람은 귀로 듣고 마음에 오래오래 담아두는 사람이 있는가하면, 어떤 사람은 귀로 듣자마자 입으로 뱉어버리는 사람이 있다. 한평생 살면서 깨닫는 분량이 얼마나 될까? 결코 많지 않을 것이다. 개인마다 취사선택을 할 뿐만 아니라, 다른 것과 교체되기 때문에 결국 남아 있는 깨달음은 얼마 되지 않을 것이다. 인터넷을 검색하면 온갖 정보를 얻을 수 있는 시대에 살고 있으니, 굳이 기억할 필요가 없을지도 모를 일이다. 그러나 현대인들의 삶 속에 소중하고 가치 있는 대상이 경제적인 것 말고 무엇이 더 있는지 묻고 싶다. 책 속에서도 언급한 바 있지만, 어려서 공부하고 나이 들어 꿈꾸는 사람이 많다. 참으로 불행한 사회에 살고 있다. 반대로 어려서 상상하며 꿈꾸고 나이 들면서 공부하는 사회가 다음 세대에는 도래하길 간절히 기원한다.

본서에서는 한자를 학습하는 방법의 일환으로 한자와 주제 양쪽에 비중을 두었다. 즉 일곱 가지 이야기로 구성되어 있으며, 각 주제는 관련 한자를 오래 기억하도록 안배하였다. 본문 앞부분에 주제를 풀이하는 단락을 별도로 두었고, 원문의 행간에 여백을 두어 감상하고 분석하도록 하였다. 초심자나 어구풀이가 필요한 사람을 위해 매우 상세하게 풀이하였고, 사용빈도가 높은 한자는 원형을 밝혀 의미파악에 도움을 주려고 노력하였다. 그 다음은 관련 자료로서 원문의 주제를 효과적으로 이해하고 원문의 내용을 상기할 수 있도록 핵심적인 자료를 소개하였다. 각 주제별 연습문제를 제시하였는데, 일종의 확인학습 차원에서 출제한 것이며, 한자어쓰기를 병행함으로써 원문에 대해 총체적인 복습이 이루어지도록 안배하였다. 각 주제가 끝나는 부분마다 원문의 해석을 부기하였다. 이러한 각 단락의 특성을 통해 종합적인 학습목표가 달성되기를 바란다. 각 주제 설정에 대한 이유와 내용을 소개하면 다음과 같다.

첫 번째 주제는 단군 이야기이다. 우리 민족은 어디에서 시작되었을까? 단군의 후예라고 하지만 어느 누구도 단군에 대해 명쾌하게 설명할 수 없을 것이다. 역사 속에서 우리 스스로 파괴해왔고, 민족적 열등의식이 강한 근대 일본이 저질러 놓은 파괴를 생각하며, 우리민족의 역사 뿌리를 되찾고 싶었다. 두 번째 주제는 노자 이야기이다. 절대성을 가진 개념에 대해 생각하기 위한 내용이다. 모든 것은 상대적으로 존재한다고 주장한 노자의 문장 속에서 그간 맹목적으로 믿어온 허상들을 깨뜨려보고 싶었다. 새로운 가치관 정립에 도움이 되길 바란다. 세 번째 주제는 개인적인 편견을 거부하고 인재를 추천한 기황양의 이야기이다. 인사가 만사라고 입버릇처럼 하면서 측근정치도 문제이지만, 한국의 인간관계가 학연 지연 혈연으로 꽁꽁 묶여 자유와 평등은 거짓말이 된 지 오래되었다. 새로운 미래를 준비하는 젊은이들에게 우리 사회의 문제점을 말하고 싶었다. 네 번째 주제는 예수보다 3,4 백년이나 먼저 서로 사랑하라고 외친 묵자 이야기이다. 이웃을 내 몸과 같이 사랑하고 재물을 나누며 공존의 사회를 주장한 겸애설의 핵심문장을 소개하고 분석하였다. 멀리서 구원하러 오기를 바라지 말고 우리 가까이 사랑의 실천을 강조한 묵자의 정신을 읽어내기를 바란다. 다섯 번째 주제는 오묘한 마음의 철학을 역설한 장자 이야기이다. 그는 훌륭한 비법은 손길과 영혼의 감응으로 만들어진다는 수레 만드는 윤편을 소개하였다. 원문의 이야기는 현실성은 없지만 무한한 상상의 나래를 펴고 마음의 소리에 귀 기울여보기 바란다. 여섯 번째 주제는 도연명의 도화원기 이야기이다. 현실의 부조리와 삶의 고단함을 벗어나 자연의 섭리에 순응하며 본성의 회복에 절규하였던 무릉도원 이야기이다. 존재하지 않으나 가고 싶은 이상향을 통해 각자의 이상향을 만들어보기 바란다. 끝으로 일곱 번째 주제는 신과 인간의 관계를 부정한 순자 이야기이다. 흔히 성악설의 사상가로서 심리학자와 철학자의 비판을 한 몸에 받아왔지만, 학문을 해야 하는 당위성을 언급한 원문을 읽으면서 신의 구원보다는 인간의 의지를 믿으며 미래를 준비하기 바란다.

본서는 한자공부를 몹시 싫어하던 가돈家豚과 여식女息 때문에 몇 해 동안 꾸준히 교육 자료를 축적한 결과물이며, 혹시 한자에 대해 거부감을 가졌던 분들에게 도움이 되는 책이 되길 진심으로 기대한다. 필자는 35년간 한자와 관련된 공부를 하고 있으나, 학식과 지혜가 불민하고 천박하여 오류가 있을 것이다. 삼가 제현의 질정을 기대하는 바이다. 끝으로 본서의 출간을 흔쾌히 허락해주신 배 사장님께 감사의 뜻을 표하며, 서툰 원고를 깔끔하게 만들어 주신 편집자 선생님께도 고마움을 전한다.

2019년 8월 25일

저자 최성일 책머리를 쓰다

이야기 한문

목 차

뿌리를 찾아서

단군의 나라에 살다

뿌리를 찾아서

단군의 나라에 살다

▢ 三國遺事•紀異篇, 一然 撰 ▢

출전해설

《삼국유사三國遺事》는 고려시대 승려 일연一然(1206~1289)이 편찬한 역사서이다. '유사'라는 서명에서 알 수 있듯이 김부식의 《삼국사》[삼국사기의 원명]를 보완하는 성격을 지니고 있다. 그는 78세의 나이에 승려로서 최고 직책인 국사國師로 추앙받았고, 충렬왕으로부터 '원경충조圓鏡冲照'의 호를 하사받았다. 이듬해 그는 연로한 노모를 봉양하기 위해 인각사麟角寺[경북 군위군 고로면 소재]에 머물며 《삼국유사》를 완성하였다.

김부식의 역사서와 함께 고구려•백제•신라의 역사를 기술하여 항상 병칭되지만, 저술방식의 측면에서 엄격하게 구별하자면 정사正史와 야사野史의 평가를 벗어나기 어렵다. 그러나 《삼국유사》에는 정사에 결핍된 소중한 사료史料를 수록하고 있는데, 특히 '단군檀君'에 관한 견해와 더불어 많은 신화와 전설을 전해주고 있다. 비록 승려의 관점으로 서술되었으나, 시대를 초월하는 문화사적 가치와 국가 존망을 걱정하는 지성적 성찰은 후세 본보기가 되기에 충분하였다. 현재까지 고려시대의 각본은 전하지 않으며, 1512년[조선 중종] 이계복李繼福이 중간重刊하였던 '정덕본正德本'은 전하지 않고, 1394년 판본과 1512년에 간행된 판본들이 남아 있다. 그러나 판본의 훼손이 심하고 후인의 가필이 더해져 완전한 판본은 없는 실정이다.

출전해설

【정리-1】 김부식의 《삼국사》[삼국사기]의 보완인가?

《삼국유사》는 김부식의 유가적인 관점과 신라에 편향된 역사관의 한계를 극복하였다. 삼국시대의 원류로서 고조선으로부터 계승된 민족적 자주성을 반영하였다.

【정리-2】 고려시대 몽골의 침략에 대한 반향인가?

몽골은 중원을 정복한 이후 고려를 압박하여 조공을 요구하기에 이른다. 이에 접경지역에서 몽골 사신이 1225년 피살되자 1231년부터 본격적으로 고려를 침공하기 시작하였다. 40여 년간 고려는 왕실을 강화도로 옮기며 저항하였으나, 1270년[원종11년] 강화조약을 맺고 몽골의 부마국으로 지배를 받게 되었다. 이 과정에서 백성은 도탄에 빠졌고 많은 문화재를 잃었으며, 내정간섭까지 받는 심각한 상황에 처하였다. 이후 1284년 《삼국유사》는 민족의 자주성과 국혼을 지키기 위한 불교적 관점이며, 1287년 이승휴李承休는 유가적 관점에서 《제왕운기帝王韻紀》를 편찬하여 민족주의적 역사 보고서를 남겼다.

【정리-3】 사실기록의 역사서인가? 상상력이 가미된 사화史話인가?

《삼국유사》는 역사 기록에 포함되지 못한 내용을 모은 책이다. 그러나 그릇된 사관에 의해 기록된 역사서보다 민족과 국가의 관점에서 올곧은 시대정신이 살아 숨 쉬는 보고서라고 볼 수 있다. 그 속에는 역사적 사실도 있고, 상상에 의한 허구가 뒤섞여 있다. 사화란 이러한 허구성이 가미된 역사이야기를 뜻한다. 그러나 허구 속에 진실을 숨기고 있다면, 어떤 역사서보다 더욱 실체적 사실을 기록한 것이다.

【정리-4】 단군에 관한 신화인가? 단군 조선에 대한 기록인가?

《삼국유사》에 기록된 단군과 관련된 분량은 〈기이편紀異篇〉뿐이지만, 단군의 실존성에 대한 신념을 견지한 소중한 사료史料이다.

원문읽기

1 古記云，昔有桓國庶子桓雄。

2 數意天下，貪求人世。

3 父知子意，下視三危，太伯可以弘益人間。

4 乃授天符印三箇，遣往理之。

5 雄率徒三千，降於太伯。

6 山頂神壇樹，下謂之神市，是謂桓雄天王也。

7 將風伯雨師雲師，

8 而主穀、主命、主病、主刑、主善惡，

9 凡主人間，三百六十餘事，在世理化。

10 時有一熊一虎，同穴而居。

11 常祈于神雄，願化爲人。

12 時神遺靈，艾一炷，蒜二十枚，

13 曰：爾輩食之，不見日光百日，便得人形。

14 熊虎得而食之，忌三七日。

15 熊得女身，虎不能忌而不得人身。

16 熊女者無與爲婚。

17 故每於神壇樹下，呪願有孕。

18 雄乃假化而婚之，孕生子號曰：檀君王儉。

어구풀이

1 古記云, 昔有桓因庶子桓雄。

■ 古記(고기): 옛 기록. 고구려 영양왕 시대에 편찬된 《유기留記》(100권) 또는 이를 축약한 이문진李文眞의 《신집新集》(5권) 등으로 추정된다.

■ 云(운): 말하다, 언급하다, 이르다

■ 昔(석): 옛날, 오래전, 지난 시기

■ 桓因(환인): 환인[이병도注]. 밝으신 분, 하느님[김종서注]. 여기서는 조물주 내지는 시조始祖에 대한 칭호로 사용되었다. 현전하는 《삼국유사》 판본에는 '謂帝釋也'라고 해설하였다. 이 뜻은 불법을 수호하기 위해 아수라阿修羅를 정벌하였다는 '제석천帝釋天이라 불렀다'이다. 한민족의 시조를 언급하면서 그 이후에 출현한 불교의 인물로 볼 수 없다. 이것은 승려였던 일연一然의 관점이거나 원본을 중각重刻 복각覆刻하면서 생긴 오류라고 보아야 한다. 환인桓因의 '因'자는 '国'자를 수정한 흔적이 남아있는데, 개국 신화로 퇴색시킨 의도로 보인다.

■ 庶子(서자): 서자[이병도注]. 여러 아들, 많은 자손[김종서注].

■ 桓雄(환웅): 환웅[이병도注]. 훌륭한 영웅[김종서注].

昔	有	(桓因 庶子)	桓雄	。
(주어)	(술어)	(수 식 어)	(목적어)	

옛날 절대자 환인의 많은 아들 중에 훌륭한 영웅이 있었다.

2 數意天下, 貪求人世。

■ 數(삭): 자주[이병도注], 꾀하다[김종서注]. 여러번[필자注]

① 수를 세다 [수], ② 자주 [삭], ③ 촘촘하다 [촉], ④ 빠르다 [속]

■ 貪(탐): 탐하다, 노리다

■ 求(구): 원하다, 바라다. 원래 '가죽'의 뜻하였지만, 누구나 갖고 싶어 하는 물건이어서 '바라다'는 뜻으로 굳어졌다. 그래서 가죽을 뜻하는 '裘'자

가 출현하였다. 한편 '救'자는 '구제하다', 즉 '돕다'는 의미로 사용된다.

■ **人世**(인세): 속세, 혼탁한 인간 세상. 여러 부족국가의 관계를 내포한다.

數	意	天下,	貪求	人世 。
(부사어)	(술어)	(목적어)	(술어)	(목적어)

자주 천하 통일의 뜻을 품고, 혼탁한 세상을 갖고 싶어 하였다.

3 父知子意，下視三危，太伯可以弘益人間。

■ **父**(부): 환인[이병도注], 환웅의 부친[김종서注]. 고대 부족국가 시기이므로 부족장 또는 부족연맹의 맹주로서 환웅의 아버지를 지칭한다.

■ **下視**(하시): 굽어 살피다, 자세히 살피다

■ **三危**(삼위): 높고 험준한 세 산맥. 장차 다스릴 땅이므로 풍부한 물과 넓은 평야가 있는 곳을 지칭한다. 따라서 '危'자는 높게 잇달아 뻗은 산맥을 의미하며, 즉 대흥산맥大興山脈(현 요녕성과 길림성)•소흥산맥小興山脈(현 흑룡강성)•백두대간白頭大幹(현 남한과 북한)을 말한다.

■ **太伯**(태백): 최고의 부족장, 맹주, 군주. 판본의 가필과 해석에 따라 '太白'이라 적혀 있다. 고려시대 일연은 묘향산妙香山으로 풀이하여 고려영토를 부각시켰고, 친일 역사학자 이병도는 태백산太白山으로 설명하여 우리 민족의 역사를 축소시켰다. 태백을 산의 명칭으로 보면 전후 문맥이 통하지 않으므로, 역사적 진실을 자의적으로 해석하였다.

■ **可**(가): 마땅하다, 옳다

■ **弘益**(홍익): 널리 이롭게 하다

■ **人間**(인간): 부족 관계, 즉 곰 숭배 부족[熊部族]과 범 숭배 부족[虎部族]의 갈등 관계를 말한다.

太伯	可	以	弘益	人間 。
(주어)	(술어)	(개사)	(술어)	(목적어)

군주는 부족들의 관계를 널리 이롭게 하는 것이 마땅하다.

4 乃授天符印三箇，遣往理之。

■ 乃(내): 이리하여, 마침내. 원래 여자의 유방乳房을 상형한 글자였는데, 차츰 상대방의 소유를 지칭하다가, 주로 말을 이어가는 접속사로 사용되었다.

■ 授(수): 주다. 원래 '受'자에 '주다'와 '받다'는 의미가 모두 있었지만, 한대漢代 이후 '受'자는 '받다'라는 의미로 사용되었고, '주다'는 뜻은 '授'자로 구별하게 되었다.

■ 天符印(천부인): 하늘의 뜻을 담은 부적. '符'자는 예전에 나무나 종이에 글자나 부호를 새긴 후 쪼개어 보관하다가, 필요할 때마다 확인하기 위해 맞춰보던 징표의 일종이다. '答'자에도 이러한 의미가 포함되어 있다.

■ 三箇(삼개): 세 가지 징표. (=三個) 즉, 거울[성찰의 도구], 칼[무력의 상징], 북[통치의 수단]을 말한다. 단군의 역사를 신화로 폄하하는 자들은 풍백風伯[바람의 신], 우사雨師[비의 신], 운사雲師[구름의 신]를 등장시켜 황당한 이야기로 만든다.

■ 遣往(견왕): 파견하여 보내다

■ 理(리): 다스리다, 통치하다

乃	授	天符印	三箇,	遣往	理	之	。
(접속어)	(술어)	(목적어)	(수식어)		(술어)	(목적어)	

이리하여 천부인 3개를 하사하여, 그곳을 다스리도록 파견하였다.

5 雄率徒三千，降於太伯。

■ 率(솔): 이끌다, 거느리다, 인솔引率하다, 인도引導하다, 지휘指揮하다

■ 徒(도): 무리, 보병步兵. 정벌에 나선 환웅이 이끈 군대軍隊를 말한다.

■ 降(항): 항복降服하다, 굴복屈服하다. 여기에서 '내려오다[강]'는 뜻으로 풀이하면 하늘에서 땅으로 강림降臨하는 신화神話가 되므로 해석에 유의하여야 한다.

■ 於(어): ~에게 [대상격 전치사]

雄	率	徒	三千,	降	於	太伯	。
(주어)	(술어)	(목적어)	(수식어)	(술어)	(개사)	(목적어)	

환웅은 3천의 군사를 거느렸고, (부족들은) 군주에게 항복하였다.

6 山頂神壇樹，下謂之神市，是謂桓雄天王也。

■ 山頂(산정): 산 정상, 산꼭대기. 구석기 시대 자연을 숭배하는 풍습이 보편화되어 있었고, 나무와 돌을 비롯하여 물과 산 등 모든 자연물에 대한 경외심으로 나타난다. 환웅은 산꼭대기로 올라가 제사를 올렸는데, 자연의 일부가 아닌 하늘 전체를 향한 제천의식으로 보아야 한다.

■ 神壇(신단): 신을 모시는 제단. 현재 중국의 여러 곳에 이집트의 피라미드보다 훨씬 큰 입체형 구조물들이 산재해 있다. 중국정부는 아직도 비공개 원칙을 고수하고 있는데, 중국의 고대 미라미드 유물은 한족漢族과 무관한 것임에 틀림없을 것이다. 옛 수도 서안西安를 비롯하여 황하유역과 고조선의 영토였던 동북3성 등지에 남아 있다.

■ 樹(수): 세우다(=樹立), 심다, 나무. 기존의 학설에 의하면 '나무'로 풀이하여, '神壇樹' 즉 신단에 서 있는 나무라는 뜻이 된다. 그런데 산꼭대기에는 신령스러우리만치 큰 나무나 위엄을 대신할만한 나무가 자라지도 않을 뿐만 아니라, 만약 나무에 제사를 지냈다면 깊은 산 중턱이 적합하다. 따라서 '樹'자는 '설치하다'로 풀이하여야 옳다.

■ 謂之(위지): ~라고 일컫다, ~라고 부르다

■ 神市(신시): 신에게 제사지내는 도시, 신의 자손이 사는 나라. 여기서는 환웅桓雄이 세운 나라에 대한 고유 명칭으로 본다.

■ 是(시): 이 분, 이 사람. 즉 환웅을 지칭하는 대명사이다.

■ 天王(천왕): 최고 통치자. 여기서는 하늘에 제사를 올리는 최고지도자를 의미한다. 고대 중국의 역사서에서는 '황제皇帝'의 칭호를 사용하였는데, 삼황오제三皇五帝를 존숭하고, 중국인 스스로 황제黃帝의 자손이라 믿는다.

山頂　神壇　樹，　下　謂之　神市，　是　謂　桓雄天王　也　。
(수식어)　(주어)　(술어)　(주어)　(술어)　(목적어)　(주어)　(술어)　(목 적 어)　(종결어)

산위에 신단이 설치되고, 그 아래는 신시라 부르고, 이 분은 환웅천왕으로 불렸다.

7 將風伯雨師雲師,

■ 將(장): 우두머리, 거느리다, 장차. 여기서는 행정의 책임자를 말한다.

■ 風伯(풍백): 풍속風俗을 관장하는 관료. 백성들의 생활 전반을 통제하는 역할을 하며, '伯'은 관료 중 가장 높은 지위에 대한 칭호이다. 즉 오늘날 국무총리 격이다. 기존의 학설은 바람을 관장하는 신으로 풀이하였는데, 환웅은 자연현상을 관장하는 조물주造物主가 되어버린다.

■ 雨師(우사): 홍수洪水나 치수治水를 담당하는 관료. 농경사회에서 하천의 범람氾濫이나 관수灌水는 중대사로서 이것을 전담 관리하는 관리를 말한다.

■ 雲師(운사): 하늘의 변화 담당하는 관료. 태양과 별과 달의 변화를 관측觀測하고 나라의 길흉까지 예측豫測하는 역할을 한다.

將　風伯　雨師　雲師　。
(주어)　(술어1)　(술어2)　(술어3)　<명사술어문>

장관에는 풍백, 우사, 운사를 두었다.

8 而主穀、主命、主病、主刑、主善惡,

■ 主穀(주곡): 농업農業 및 식량食糧 관련 주관부서

■ 主命(주명): 국방國防과 치안治安 질서 관련 주관부서

■ 主病(주병): 질병疾病과 의술醫術 관련 주관부서

■ 主刑(주형): 형벌刑罰과 법률法律 관련 주관부서

■ 主善惡(주선악): 교화敎化와 선도善導 관련 주관부서

而	主穀	主命	主病	主刑	主善惡	。
(접속사)	(술어1)	(술어2)	(술어3)	(술어4)	(술어5)	

그리고 식량부서, 안보부서, 건강부서, 형벌부서, 교화부서를 두었다.

9 凡主人間, 三百六十餘事, 在世理化。

- 凡(범): 모두, 무릇
- 主人間(주인간): 부족 간의 관계를 주관主管하다
- 三百六十餘事(360여사): 1년 내내 생기는 일 또는 업무業務
- 在(재): 있다[이병도注], 살피다[김종서注], 살다[필자注] '자유자재自由自在'란 표현에서 알 수 있듯이, '在'자의 뜻은 얽매이지 아니하고 존재하는 것을 의미한다. '在世'는 '세상에 살아있다' '공존하다'는 뜻이다.
- 理化(이화): 교화하여 다스리다

凡	主	人間,	三百六十	餘	事,	在	世	理	化	。
(부사어)	(술어)	(목적어)	(수식어)		(목적어)	(주어)		(술어)		

무릇 부족 관계를 관장하고, 360여 일들을 주관하여, 공존하도록 교화시켰다.

10 時有一熊一虎, 同穴而居。

- 時(시): 그 당시. 환웅이 신시를 건설할 무렵을 말한다.
- 一(일): 한 무리, 동일, (~와) 같은
- 熊(웅): 곰 부족, 우직하고 힘이 센 곰의 특성을 가진 부족
- 虎(호): 호랑이 부족, 사납고 용맹한 호랑이의 특성을 가진 부족
- 同(동): 무리 짓다, 한데 모이다
- 穴(혈): 동굴[이병도注], 움집[김종서注]. 땅을 파서 기거하는 고대 주거형태를 말한다. 거친 자연환경을 극복하고 맹수로부터 보호하기 위해 지은

가족 단위의 작은 생활공간이다.

時	有	一熊	一虎,	同	穴	而	居。
(주어)	(술어)	(목적어)	(목적어)	(부사어)	(술어)	(접속어)	(술어)

그 당시 곰과 같은 부족과 범과 같은 부족이 있었는데, 한데 모여서 움집을 짓고 살았다.

11 常祈于神雄, 願化爲人。

■ **常**(상): 항상[이병도注], 벼슬이름[김종서注], 일찍이[필자注] 문두에 놓여 부사어로 보는 것이 문법상 무난하며, 여기서는 환웅의 신시 건국에 때 맞춰 시간부사로서 '일찍이, 여느 때'의 뜻도 사용된 것이다.

■ **祈**(기): 기도하다, 빌다, 고하다

■ **于**(우): ~에게 [대상격 전치사] (=於)

■ **神雄**(신웅): 신시神市의 환웅桓雄

■ **願**(원): 원하다, 바라다[피동의미;이병도注], 하고자 하다[능동의미;김종서注] 양자의 견해는 결국 같은 것인데, 기도하는 주체를 보면 능동적이고, 기도하는 목적을 보면 피동적이다. 즉 '祈'자는 기도를 받는 대상을 표시한 것이며, '願'자는 기도의 내용을 구체적으로 표현한 것이다. '祈願'은 '~에게 간절히 바라다'는 뜻으로 활용된다.

■ **化**(화): 교화하다, 따르다

■ **人**(인): 사람[이병도注], 구성원[김종서注]. 문맥상 부족국가 시기이므로 환웅에게 예속된 종족으로 보는 김종서의 견해가 타당하다.

常	祈	于	神雄,	願	化	爲	人。
(부사어)	(술어)	(전치사)	(목적어)	(조동사)	(술어)	(피동)	(목적어)

일찍이 신시의 환웅에게 원하였는데, 같은 종족이 되어 따르고 싶어 하였다.

12 時神遺靈, 艾一炷, 蒜二十枚,

■ 遺(유): 넘겨주다, 건네다. [용례] 유산遺産, 유물遺物, 유언遺言

■ 靈(령): 영험靈驗하다, 영묘靈妙하다. 여기서는 '특효약, 영약'의 뜻이다.

■ 艾(애): 쑥

■ 一炷(일주): 한 타래를 불사르다, 향을 피우다

■ 蒜(산): 달래, 작은 마늘 [葫: 큰 마늘]

■ 枚(매): 줄기. 마늘을 세는 단위는 쪽, 통(한 줄기 통째), 접(100통)

時	神	遺	靈,	艾	一	炷,	蒜	二十	枚 。
(부사어)	(주어)	(술어)	(목적어)	(목적어)	(수식어)	(목적어)	(수식어)	(중심어)	

어느 날 환웅은 영약을 주었는데, 쑥 한 타래와 마늘 20통이었다.

13 爾輩食之, 不見日光百日, 便得人形。

■ 爾(이): 너, 너희 [2인칭 지시대명사] (=汝, =子, =乃)

■ 輩(배): 무리, 족속, ~들 [복수형]

■ 食(식): 먹다 [타동사], 먹이다 [피동형]

■ 不見(불견): 보게 하지 마라 [不=금지형]. 원문의 '不見日光'의 뜻은 '밖으로 나오지 말고 금식 기도에 정진精進하라'는 뜻이 된다.

■ 百日(백일): 불교의 100일 기도. 승려였던 일연의 관점에서 금식의 기도 기간을 100일로 끼워넣었거나, 불교에 편향된 후인의 가필로 보인다. 따라서 원문에서 '百日'은 해석하지 않는 것이 옳다.

■ 便(편): 곧[이병도注], 편안하다[김종서注]. 여기서는 어구를 연결하는 역할을 하므로 이병도의 견해가 타당하다.

■ 得(득): ~하게 되다 [조동사] 여기서는 수양된 배달국의 종족으로 자격을 갖추게 된다는 뜻이다.

■ **人形**(인형): 배달민족에 속하는 세력. '形'은 '형세 또는 세력'의 뜻이다.

爾輩	食之,	不見	日光,	便	得	人	形 。
(주어)	(술어)	(술어)	(목적어)	(접속사)	(술어)	(수식어)	(목적어)

너희들이 먹으면서, 햇볕을 쏘지 않으면, 곧 배달민족의 자격을 얻을 것이다.

14 熊虎得而食之, 忌三七日。

■ **得**(득): 얻다, 받다(=受) [대동사] 쑥과 마늘

■ **忌**(기): 꺼리다, 삼가다. 여기서는 금식하며 심신을 수양하는 행위를 말한다. [용례] 금기禁忌, 기일忌日, 기피忌避

■ **三七日**(삼칠일): 21일간, 3일씩 일곱 번, 7일씩 세 번

熊	虎	得	而	食之,	忌	三	七日 。
(주어)	(주어)	(술어)	(접속어)	(술어)	(술어)	(수식어)	(목적어)

곰 부족과 범 부족은 받아서 먹었는데, 21일간 금식 수양하였다.

15 熊得女身, 虎不能忌而不得人身。

■ **得**(득): 자격을 갖추다(=取), 수양을 마치다(=修) [대동사]

■ **女身**(여신): 배달민족의 여성 모습

■ **不能**(불능): ~하지 못하다 ※차이점[不能]능력, [不可]허락, [不得]상황

■ **人身**(인신): 배달민족의 남성의 모습

熊	得	女身,	虎	不能 忌	而	不得	人身 。
(주어)	(술어)	(목적어)	(주어)	(술 어)	(접속어)	(술어)	(목적어)

곰 부족에서는 배달민족의 여성이 되었고, 범 부족에서는 금식을 견디지 못하여 배달민족의 남성이 되지 못하였다.

16 熊女者無與爲婚。

■ 熊女(웅녀): 곰 부족의 여성.

■ 者(자): ~하는 사람, ~하는 일 [후치사]

■ 與(여): 더불어, 함께, 주다, 허락하다

■ 爲(위): ~할만하다

■ 婚(혼): 결혼, 혼례

熊女者	無	與	爲	婚	。
(주어)	(술어)	(목적어)	(술어)	(목적어)	

곰 부족의 여성들은 결혼할만한 상대가 없었다.

17 故每於神壇樹，呪願有孕。

■ 每(매): 매일 같이, 늘

■ 於(어): ~에서 [처소격 전치사]

■ 神壇(신단): 신시의 천왕을 모시는 제단

■ 樹(수): 설치하다, 세우다, 쌓다

■ 呪(주): 빌다, 기도하다

■ 孕(잉): 임신하다, 아기를 배다

故	每	於	神壇	樹，	呪願	有孕	。
(접속어)	(부사어)	(전치사)	(목적어)	(술어)	(술어)	(목적어)	

그래서 늘 신시의 천왕 제단을 만들어, 임신되기를 기도하였다.

18 雄乃假化而婚之，孕生子號曰：壇君王儉。

- **雄**(웅): 배달민족의 뛰어난 남성
- **乃**(내): 마침내
- **假**(가): 시키다, ~하게 하다 [사역형] (=使) ※ 원래 금문金文을 보면 ' =叚'의 모양으로 '갓 캐낸 옥玉'을 형상화한 회의자이며, 소전小篆에 이르러 '亻'변을 덧붙여 '남의 힘으로 이루다'는 뜻이 생겨났다. 따라서 여기에서는 사역형 의미로 새겨야 한다. 한편 '假'자는 진대秦代 이후 '거짓으로, 임시로, 빌리다, 이용하다'는 뜻으로 활용된다.
- **假化**(가화): 교화시키다, (배달민족으로)입적入籍하게 하다
- **號**(호): 부르다, 이름을 짓다
- **壇君**(단군): 제사장. 고대국가는 제정일치祭政一致의 시대이며, 하늘에 제사를 모시는 최고 통치자를 지칭하는 칭호이다.
- **王儉**(앙검): 기원전 2,333년에 고조선을 개국한 제앙帝王

雄	乃	假化	而	婚之,	孕生	子	號曰	:檀君王儉
(주어)	(부사어)	(술어)	(접속어)	(술어)	(술어)	(목적어)	(술어)	(목적어)

환웅은 마침내 받아들여 결혼하게 하였는데, 아들을 낳아 단군왕검이라 불렀다.

참고자료

【 단군과 고조선을 기록한 고대 문헌 】

1. **《신지비사神誌祕詞》(망실) 고조선 시기 신지 발리發理가 쓴 도참서**
   [6대 단군 達門시기] 우주창조·단군조선의 건국·산천지리 등을 노래한 것으로 훗날 고려 때의 《해동비록》에 일부 내용이 요약 정리되었다고 알려져 있다.

2. **《위서魏書》 현전하는 고조선과 단군에 관한 최초의 기록이다.**
   [551년~554년] 선비족鮮卑族 고양高羊이 건국한 북제北齊 시기 황제의 명으로 위수魏收가 북위北魏의 역사(386~534년)를 기록하였다.

3. **《유기留記》(망실) 고구려 초기 고조선에 관한 기록(100권) 편찬**
   [4세기 후반 전후] 600년(영양왕 11년) 태학박사太學博士 이문진李文眞이 요약한 《신집新集》(5권)이 판각되었는데, 신화전설과 왕족의 계보를 수록하였다. 조선시대 소각됨

4. **《신지비사역술神誌祕詞譯述》(망실) 고구려 대영홍大英弘 편찬**
   조선 태종 12년(1412)경 소각됨

5. **《단기고사檀奇古史》(망실) 발해 대조영의 아우 대야발大野勃의 사서**
   [728년] 단군과 기자奇子의 옛 역사를 모은 역사서이며, 전후 단군조선 47대 단군의 주요 기록과 기자조선奇子朝鮮의 42대 1천여 년을 편년체로 서술하였다. 원본과 한문본은 망실되었고, 1959년 국한문본이 현재 전함. 《민족정사民族正史》로 계승됨

6. **《제왕연대력帝王年代歷》(망실) 진성여왕 20년경 최치원崔致遠 편찬**
   [890년경] 유교적 관점에서 신라의 제왕을 연표형식으로 정리하였다. 1929년 일제강점기 때 송종국의 필사본이 현전하지만, 가필이 심하고 용어의 오류가 많다.

7. **《조대기朝代記》(망실) 편찬자 미상**
   [926년] 발해 말 대광현大光顯 등 발해의 유민들이 고려로 망명하면서 소장하였던 고조선역대실기古朝鮮歷代實記이다. 일제강점기 때 압수 소각되었다.

8. **《해동비록海東祕錄》(망실) 고려 예종 시기에 왕명에 의해 편찬된 도참서**
   [고려 1106년] 종래의 도참서가 망라되어 우리나라 최초로 공인된 도참서이다.

9. 《삼국유사》(현전) 고려 승려 일연一然이 편찬한 야사

[1281년 편찬, 1310년 간행] 현전하는 환웅과 단군 관련 문헌으로 가장 오래된 공인 서적이다. 불교의 관점으로 편향된 내용이 강하며, 후세 판본들이 전하고 있다.

10. 《진역유기震域遺記》(망실) 고려 말 이명李茗 편찬

[1380년 전후] 도가적인 관점으로 역사와 풍습을 수록하였고, 상고사 연구의 중요한 문헌으로 이용되었다. 《규원사화》를 비롯하여 많은 고대문헌들은 본서를 참고하였다.

11. 《단군세기檀君世紀》(현전) 고려 후기 이암李嵒이 편찬한 고조선 연대기

[1363년, 공민왕12] 《환단고기桓檀古記》에 수록. 천보산天寶山(경기도 양주) 태소암太素庵에서 얻은 고서古書를 참고하여 고조선의 개국에서 멸망까지 실사를 기록함.

12. 《제왕운기帝王韻紀》(현전) 이승휴李承休 편찬한 역사시歷史詩

[1287년, 충렬왕13] 상권에는 중국의 신화시대부터 삼황오제三皇五帝, 하夏·은殷·주周의 3대와 진秦·한漢 등을 거쳐 원元의 흥기까지를 칠언고시 264구로 읊었다. 하권은 우리나라 역사에 관해 동국군왕개국연대東國君王開國年代와 이조군왕세계연대李朝君王世系年代로 나누었다. 전자에는 지리기地理紀, 단군의 전조선前朝鮮, 기자의 후조선後朝鮮, 위만衛滿의 찬탈, 삼한三韓을 계승한 신라·고구려·백제와 후고구려·후백제·발해가 고려로 통일되는 과정까지를 칠언고시 264구 1,460언으로 묘사하였다.

13. 《규원사화揆園史話》(현전) 조선시대 북애노인北崖老人이 쓴 역사해설서

[1675년, 숙종2] 서문·조판기(肇判記)·태시기(太始記)·단군기(檀君記)·만설(漫說)로 구성되어 있다. 사대주의에 편향된 유학자들의 태도를 비판하며 고기古記들을 참고하여 상고사를 재구성하였다. 특히 대종교大倧敎에 큰 영향을 끼친 문헌이다.

14. 《환단고기桓檀古記》(현전) 일제강점기 초기 계연수桂延壽가 편찬한 상고사

[1911년] 《삼성기三聖紀》《단군세기檀君世紀》《북부여기北夫餘紀》《태백일사太白逸史》 등 4권을 하나로 묶은 역사서이다. 용어와 고유명사의 가필로 위서僞書이다.

15. 조선시대의 고조선 관련 문헌

《동국사략東國史略》(1403,權近등), 《세종실록지리지》(1454,鄭麟趾등), 《응제시주

應制詩註》(1462,權擥), 《동국통감東國通鑑》(1485,徐居正등), 《동국여지승람東國輿地勝覽》(1486.盧思愼등), 《동국역대총목東國歷代總目》(1705,洪萬鍾등), 《동사강목東史綱目》(1758경), 《동국문헌비고東國文獻備考》(1770,洪鳳漢), 《해동역사海東繹史》(1814년경,韓致奫), 《동사보감東史寶鑑》, 《동국역대사략東國歷代史略》(1899) 등등

위에 거론된 문헌 이외에도 단군과 고조선을 다룬 기록들이 많았으나, 전란으로 망실되거나 고의로 소각되었다. 특히 고려 때는 국시國是에 위배된다는 이유로 유교와 불교의 사상을 제외한 사서들을 대량 소각하였다. 특히 고려 중기 김부식金富軾은 우리 상고사를 말살한 주범이었다. 조선시대에도 왕의 비준을 받고 소중한 사서들이 사라져 갔다. 임진왜란과 병자호란 등 전란 속에서 수많은 문헌들이 불탔다. 일제강점기에 이르면 '조선사편수회'(이병도, 최남선 등 가담)는 소중한 옛 사서史書들을 조직적으로 탈취하거나 훼손시켰다. 친일파 세력들은 개인의 이권을 챙기려고 자국의 영혼인 역사서를 팔아먹은 셈이다. 1910년 11월부터 1937년까지 27년간 계속되었다고 전한다. 1938년 6월에 발행된 《조선사편수회사업개요朝鮮史編修會事業概要》를 보면, 1923년부터 1937년까지 15년간 강제로 차압한 사료가 5,000종에 육박한다고 밝히고 있다.

日帝 "韓民族魂 말살" 새事實 밝혀져

史書 20여만권 압수 불태웠다

檀君관련 기록 중점약탈

총독부 官報등 立証해줘

日총독 "朝鮮人은 朝鮮史 모르게하라"

史書 강탈 소각·歷史 재편 작업

古代史 말살 '무능한 祖上' 조작

史교과서 새로 써야한다

연습문제

> ㈎ ㉠數意天下, 貪㉡求人世。
> ㈏ 下視㉢三危, 太伯㉣可以弘益人間。
> ㈐ 雄㉤率徒三千, ㉥降於太伯。

1. 예문㈎에서 밑줄 친 ㉠數의 음훈音訓으로 가장 바른 것은?

   ① 수-셈하다 ② 촉-촘촘하다 ③ 삭-자주 ④ 속-빠르다

2. 예문㈎에서 밑줄 친 ㉡求의 활용으로 가장 바른 것은?

   ① 구원求援 ② 구급救急 ③ 구제求濟 ④ 구직求職

3. 예문㈏에서 밑줄 친 ㉢三危의 설명으로 가장 바른 것은?

   ① 세 줄기의 산맥 ② 세 사람의 싸움
   ③ 세 개의 봉우리 ④ 세 차례의 위기

4. 예문㈏에서 밑줄 친 ㉣可의 뜻으로 가장 바른 것은?

   ① 가능하면 동의하다 ② 될 수 있도록 말하다
   ③ 마땅히 할 수 있다 ④ 다스리도록 허락하다

5. 예문㈏에서 '弘益人間'의 풀이로 가장 바른 것은?

   ① 넓게 세상을 바라보다 ② 사람은 이익만 탐을 내다
   ③ 사이좋게 힘을 합치다 ④ 널리 관계를 이롭게 하다

6. 예문㈐의 밑줄 친 ⓜ率과 뜻이 같은 한자어는?

① 탐험探險 ② 대동帶同 ③ 정복征服 ④ 안내案內

7. 예문㈐에서 밑줄 친 ⓑ降의 뜻으로 가장 바른 것은?

① 저항하다 ② 항복하다

③ 하강하다 ④ 강림하다

㈑ 時有一熊一虎, 同穴而居。 ㈒ 爾輩食之, 不見日光, 便得人形。 ㈓ 凡主人間, 三百六十餘事, (　　　　)。

8. 예문㈑에서 밑줄 친 同穴而居의 뜻풀이로 가장 바른 것은?

① 한데 모여 움집을 짓고 살다 ② 같은 동굴 안에 함께 살다

③ 함께 동고동락하며 이웃하다 ④ 같은 집을 짓고 모여 살다

9. 예문㈒에서 밑줄 친 不見日光을 가장 바르게 설명한 것은?

① 햇볕을 쏘며 건강을 지켜라 ② 태양의 변화를 보지 마라

③ 혼신의 힘을 다해 수양하라 ④ 해가 뜰 때까지 기다려라

10. 예문㈓의 괄호(　　) 안에 들어갈 한자어로 가장 바른 것은?

① 世上理致 ② 在世理化

③ 理化世界 ④ 人間世上

한자어쓰기

開	國	開	國				
열다【개】	나라【국】						

開	學	開	學				
열다【개】	배울【학】						

弘	益	弘	益				
넓다【홍】	이롭다【익】						

理	化	理	化				
다스리다【리】	교화하다【화】						

貪	求	貪	求				
탐내다【탐】	바라다【구】						

民	族	民	族				
백성【민】	겨레【족】						

英	雄	英	雄				
빼어나다【영】	힘세다【웅】						

한자어쓰기

神	靈	神	靈				
귀신【신】	영혼【영】						

祈	願	祈	願				
빌다【기】	바라다【원】						

人	間	人	間				
열다【개】	사이【간】						

熊	虎	熊	虎				
곰【웅】	범【호】						

生	命	生	命				
날【생】	목숨【명】						

疾	病	疾	病				
아프다【질】	아프다【병】						

結	婚	結	婚				
맺다【결】	혼인【혼】						

원 문 해 석

옛 기록에 이르기를, 오래 전 환인의 많은 아들 중에 훌륭한 환웅이 있었다. 그는 언제나 천하 통치에 뜻을 두고 모든 부족을 지배하고 싶어 하였다. 부족의 맹주였던 그의 아버지는 자식의 원대한 의지를 알아차리고, 세 지역을 굽어 살펴서, 군주로서 인간관계를 이롭게 하는 것이 마땅하다고 생각하였다. 마침내 하늘의 징표(천부인) 거울, 칼, 북 세 개를 주어 그곳을 다스리도록 파견하였다. 환웅은 3천 군대를 이끌고 정벌하여, 군주에게 항복하게 하였다. 산 정상에 신단을 설치하고, 그 아래 지역을 신시라고 불렀는데, 이 분은 환웅천왕으로 불렸다. 최고의 장관에는 풍백(풍속관장), 우사(치수관장), 운사(천문관장)가 있었고, 그 아래 식량부서, 치안부서, 보건부서, 형벌부서, 교육부서를 두어 분담하도록 하였다. 모두 부족 관계를 주관하며, 일 년 내내 업무를 하였는데, 그 땅에 사는 모든 사람들을 교화하고 다스렸다.

그 당시 웅족(우직한 부족)과 호족(사나운 부족)이 한데 모여서 움집을 짓고 살고 있었다. 일찍이 신시의 환웅에게 배달민족으로 예속되기를 간청하였다. 어느 날 환웅이 묘약을 주었는데, 향 피우는 쑥 한 타래와 마늘 20통이었다. "너희들은 이것을 먹으며 금식하고, 밖으로 나오지 않고 수양에 정진한다면, 곧 배달민족의 성품을 갖추게 될 것이다." 웅족과 호족은 수양하며 그 약을 먹었는데, 21일간 금식하며 수양하였다. 웅족은 배달민족 여성의 성품을 갖추었으나, 호족은 금식을 견디지 못하고 배달민족의 성품을 갖추지 못하였다. 웅족의 수양된 한 여성은 결혼할만한 상대가 없어서, 매일 신단을 세우고, 아기를 낳게 해 달라고 기도하였다. 환웅은 그녀를 배달민족으로 받아들여 결혼하게 하였다. 사내아이를 낳아 단군왕검이라 불렀다.

연습문제답안

1.③ 2.④ 3.① 4.③ 5.④ 6.② 7.② 8.① 9.③ 10.②

진리를 위하여

자연에게 길을 묻다

진리를 위하여

자연에게 길을 묻다

□ 老子•第二章, 老聃 □

출전해설

《노자老子》는 춘추시대의 노담老聃의 사상을 정리한 책이다. 동양의 대표적인 사상으로서 도가道家의 성인聖人으로 숭배하지만, 정확한 생졸연대나 활동시기가 불분명하여 전설이 되어버린 사상가이다. 그는 인간의 본성과 생활의 지혜를 해명하기 위해 우주와 자연의 법칙에 순응하는 17가지 원리를 체계화한 사상가이다. 5,400여 자 81장으로 구성 제1장~제37장을 상편, 제38장~제81장까지를 하편으로 부른다.

'도덕경道德經'으로도 불리며 장자莊子와 더불어 노장사상의 핵심인물이다. 그는 완전한 인성을 무위자연無爲自然으로 해명하였으며, 함축적으로 도道라는 개념으로 집약하였다. 여기서 '무위'는 우주론적 정향을 지향하는 것, 즉 부자연스런 행위를 조금도 하지 않는 것을 의미한다. 무위자연의 구체적인 의미를 말한다면 사실 자체의 바탕 위에서 떠나지 말라는 것이다. 사실 자체란 다름 아니라 노자에게 있어서는 자연自然-도道-기氣-변화變化이다. 이러한 철학적 명제에서 실존의 본질을 실천할 것을 요구하고 있다.

출전해설

【정리-1】 노자老子는 실존인물인가? 가공의 인물인가?

《사기史記》에서 세 명의 노자老子를 언급하였다 〈노자한비열전老子韓非列傳〉. 첫째로 이이李耳인데, 자는 담聃이다. 그는 초나라 사람으로 공자에게 예禮를 설파한 인물이며, 현전하는 《노자》의 지은 사람으로 최후의 행적을 알지 못한다고 하였다. 둘째로 거론한 사람은 역시 공자와 동시대의 노래자老萊子로서 15편의 저서를 남겼다고 한다. 셋째로 언급한 인물은 주周의 태사담太子擔이라는 사람으로 공자의 사후 100년 이상 지난 뒤 진秦나라 헌공과 회담하였다고 한다. 결국 노자는 은군자隱君子로서 정확히 알 수 없다는 것이다. 후세에 노자라고 하면 공자보다 연장자였던 이이李耳를 생각하나, 도가사상가들이 그들의 사상적 지주를 공자보다 위인偉人으로 내세우기 위하여 만든 전설일지도 모를 일이다. 한편 근인 평유란馮友蘭은 노자를 전국시대 인물로 확신하는 주장을 한다. 이러한 여러 견해를 종합하면, 실존인물일 경우 최소한 《도덕경》의 죽간본竹簡本(기원전 300년경) 이전일 수밖에 없으며, 한비자(기원전 280년~기원전 233년)가 《도덕경》을 인용한 바 있으므로 한비자보다 이전 사람이다. 또 유가사상을 비판하는 내용이 많은데 이는 백서본帛書本(전국시대 말기本과 한나라 초기本) 이후가 유가를 반대하는 내용이 많다. 서쪽 땅으로 사라진 노자를 찾을 수 없게 되었다.

【정리-2】 아무것도 하지 않으면서[無爲] 어떻게 다스리란 말인가?

노자의 주장은 대책 없이 무턱대고 가만히 있으라는 것이 아니다. 군주가 어떤 정책을 세웠는지조차 의식할 수 없을 만큼 자연스러운 통치를 요구하였다. 농부의 경우로 비유하자면, 농부는 농작물을 잘 키우기 위해 밭을 갈고 성장을 방해하는 원인을 없애려고 노력한다. 그다음 일은 자연에 맡기고 조급해하지 않는다. 농작물의 성장을 방해하는 흙 속의 돌멩이와 잡초, 해충 등은 인간의 간사한 지혜와 그 지혜로 인해 끝없이 비대해지는 욕망이라 할 수 있다. 최고의 군주가 다스리는 나라는 백성이 군주가 있는지 없는지도 모른다.

원문읽기

1 天下皆知美之爲美，斯惡已。

2 皆知美之爲善，斯不善已。

3 故有無相生，難易相成，

4 長短相形，高下相傾。

5 音聲相和，前後相隨。

6 是以聖人處無爲之事，行不言之敎。

7 萬物作焉而不辭，生而不有，

8 爲而不恃，功成而弗居。

9 夫唯不居，是以不去。

어구풀이

1 天下皆知美之爲美, 斯惡已。

■ 天下(천하): 하늘 아래, 인간 세상, 온 나라. [사유개념] 하늘 즉 자연의 지배를 받는 세상에 살아가는 사람들 전체를 범칭泛稱한다.

■ 皆(개): 모두, 함께, 두루 미치다 ※ 원래 금문을 보면 ‘’의 모양으로 두 사람이 나란히 서서 말하는 회의자로서 ‘같은 말을 하다’는 뜻이었으나 본뜻이 ‘諧’로 교체되고, 부사(모두)로 활용된다.

■ 知(지): 알다, 깨닫다. [사유개념] 인지認知, 인식認識, 이해理解, 통념通念, 지각知覺 등 객관적인 평가 기준을 전제한 것이다.

■ 美(미): 아름답다, 좋다. ※ 갑골문에서 ‘=羊+大’의 회의자로서, 정신 수양이 잘된 선비의 상서로움과 평화로움을 뜻하는 글자이다. [사유개념] 객관적인 명제 또는 완전한 심미적 단계로서 ‘아름다움’을 말한다.

■ 之(지): 주로 단어 뒤에 붙는 ‘之’자는 형식상의 목적어를 표시하는 지시대명사로서 굳이 해석하지 않아도 된다.

■ 爲(위): 이루다, 되다. 여기서는 ‘謂’(말하다) 또는 ‘認’(인식하다)와 상통하는 뜻으로, 한문에서 ‘爲’자와 ‘得’자는 동사를 대신하는 대동사代動詞로 활용된다. 이것은 문맥상 같은 의미를 지닌 글자를 반복하는 것을 기피하는 경향 때문에 생겨난 표현법에 속한다.

■ 斯(사): 곧, 즉 [접속사], ‘이(것)’ [지시대명사]

■ 惡(오): 추하다, 나쁘다, 더럽다, ‘善’의 반의어이다. ※ 전문篆文을 보면 ‘=亞+心’의 형성자로서 ‘마음으로 반감을 갖다’는 뜻이다.

■ 已(이): ~뿐이다, ~할 따름이다. [한정종결사]

天下	皆	知	美之	爲	美,	斯	惡	已 。
(주어)	(부사어)	(술어)	(목적어)	(술어)	(목적어)	(접속어)	(술어)	(종결어)

세상 사람들은 모두 아름다운 것이라 알고 아름답다고 말하지만, 곧 추한 것일 뿐이다.

2 皆知美之爲善, 斯不善已。

■ 善(선): 옳다, 올바르다, 좋다, 착하다, 잘하다

■ 不善(불선): 옳지 않다, 좋은 것이 아니다, 그릇되다. (=惡, =錯, =違)

皆	知	美之	爲	善,	斯	不	善	已	。
(부사어)	(술어)	(목적어)	(술어)	(목적어)	(접속어)	(부사어)	(술어)	(종결어)	

모두 아름다운 것을 알고 옳다고 말하지만, 곧 옳지 않은 것일 뿐이다.

3 故有無相生, 難易相成,

■ 有無(유무): 지식知識이나 소질素質의 유무

■ 相(상): 서로, 함께, 상대적으로 ※ 원래 갑골문에는 ''와 '' 두 가지 형태가 있으며, '木+目'의 회의자로서 '높은 곳에 올라가서 멀리 보다'는 뜻을 나타내었다. 이에 비해 '省'은 ''의 형태로 '마음을 비추어보다'는 뜻이다. '相'자는 본뜻을 잃고 동사(관찰하다, 돕다), 명사(용모, 모습, 보필자), 부사(서로) 등으로 활용된다.

■ 生(생): 존재하다 ※ 원래 갑골문에는 ''(지사)과 ''(회의) 두 가지 형태가 있으며, '땅에서 싹이 돋아나다'는 뜻을 나타낸다.

■ 難易(난이): 일의 비중比重 또는 해결解決의 난이도

■ 成(성): 성립成立하다 ※ 원래 갑골문에는 '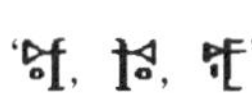' 세 가지 형태를 보여주는 지사자로 '戈+口'를 결합하여 '무력으로 정복하다'는 뜻을 나타내었다. 본뜻은 고문에서만 사용되고, 동사(실현되다, 조합하다), 형용사(정해지다), 명사(성과, 결과), 단위명사(10분의1) 등으로 활용된다.

故	有無	相	生,	難易	相	成	,
(주 어)	(주어)	(부사어)	(술어)	(주 어)	(부사어)	(술어)	

그래서 개념이 있고 없고는 상대적으로 존재하고, 일의 어렵고 쉬움은 상대적으로 성립되는 것이다.

4 長短相形, 高下相傾。

- **長短**(장단): 길고 짧음, 장점長點과 단점短點. [사유개념] 비교의 관점에서 재능의 충족과 부족, 힘의 강함과 약함을 대비對比한 표현이다.
- **形**(형): 외형, 형태, 상태, 표준 ※ 주문籀文에서 '[illegible]=井(갱)+土(돌가루)+彡(빛깔)'의 모양으로 '착색하여 뚜렷한 도안'을 뜻한다.
- **高下**(고하): 높고 낮음, 고위직과 하급직. [사유개념] 신분의 관점에서 직위의 높낮이, 위치의 높낮이 등을 포괄한다.
- **傾**(경): 기울다, 차이가 있다. 여기서는 편향偏向, 격차隔差, 등차等差의 상대적인 차이를 강조한 것이다.

長短	相	形,	高下	相	傾。
(주 어)	(부사어)	(술어)	(주 어)	(부사어)	(술어)

> 재능의 장단점은 비교하여 형성되고, 직위의 높낮이는 상대적인 차이이다.

5 音聲相和, 前後相隨。

- **音**(음): 가락, 음악, 합음合音, 화음和音 [사유개념] 규칙적인 진동을 가진 소리의 울림 또는 모음을 말한다.
- **聲**(성): 소리, 음성, 단음單音, 독음獨音 [사유개념] 일정한 음을 구성하는 소리의 낱개 또는 자음을 말한다.
- **和**(화): 어울림, 혼합 관계. 조음調音, 배합配合, 발성發聲의 뜻이다.
- **前後**(전후): 앞과 뒤, 원인과 결과, 근본과 말단
- **隨**(수): 이어짐, 계승 관계, 연결連結, 순환循環, 순서順序의 뜻이다.

音聲	相	和,	前後	相	隨。
(주 어)	(부사어)	(술어)	(주 어)	(부사어)	(술어)

> 합음과 단음은 서로 배합되고, 앞과 뒤는 서로 순환된다.

6 是以聖人處無爲之事, 行不言之教。

- 是以(시이): 이 때문에, 이런 까닭으로, 이로 말미암아 [인과접속사]
- 聖人(성인): 최고의 덕목德目을 갖춘 사람, 거룩한 사람, 지혜로운 사람, 만인에게 언행言行의 본보기가 되는 사람
- 處(처): 처신處身하다, 실천實踐하다, 준수遵守하다 ※ 원래 금문에서 '[illegible]=[illegible](범 머리)+[illegible](범 발톱)+[illegible](서있는 사람)'의 결합으로 '범이 사람을 해치다'는 뜻이었으나, 본뜻을 잃고, 동사(처벌하다, 처리하다, 머무르다, 사귀다)와 명사(주거, 장소, 행정단위)로 활용된다.
- 無爲(무위): 인위적이지 않다. [사유개념] 본성으로부터 벗어난 어떠한 형식이나 기준에 얽매이지 않는 태도를 말한다.
- 行(행): 하다, 행하다, 실행實行하다, 실천實踐하다, 수행修行하다
- 不言之教(불언지교): 말하지 않는 가르침. 묵언默言 수행修行

是以	聖人	處	無爲之事,	行	不言之教 。
(접속어)	(주어)	(술어)	(목 적 어)	(술어)	(목 적 어)

이런 까닭에 성인은 무위의 일을 실천하고, 무언의 가르침을 행한다.

7 萬物作焉而不辭, 生而不有,

- 萬物(만물): 만물, 삼라만상, 모든 자연현상을 말한다.
- 作(작): 만들다, 작용하다. 여기서는 만물이 생겨나고 없어지는 변화무쌍한 자연현상을 표현한 것이다. ※ 원래 갑골문으로 다섯 가지 모양이 있다. '[illegible], [illegible]'와 유사한 형태를 띠고 있으며, 금문에서는 '[illegible]'의 형태로 나타난다. 모두 '나무를 칼로 깎아서 도구를 만들다'는 뜻을 표시하였는데, 전문篆文에서 '亻변'을 붙여 '인위적으로 만든 것'을 의미하였다.
- 焉(언): 무엇, 어떤 것 [지시대명사]
- 辭(사): 말하다, 따지다, 표현하다 [不辭: 따지지 않다]

  사양하다, 응대하지 않다 [不辭: 마다하지 않다]

■ 不有(불유): 소유하지 않다, 가지지 않다, 차지하지 않다 ※[不] 의지를 강조하는 부정표현

萬物 作 焉 而 不辭, 生 而 不有。
(주어) (술어1) (목적어) (접속어) (술어2) (술어1) (접속어) (술어2)

> 만물은 어떤 작용을 받더라도 따지지 않고, 만들지만 소유하지 않는다.

8 爲而不恃, 功成而弗居。

■ 恃(시): 믿다, 의존依存하다, 의지依持하다

■ 功(공): 공로, 보람, 자랑, 업적 ※ 금문에서는 '工'의 모양으로 '도구를 이용하다'는 뜻이었고, 전문篆文에서 '=工+力'의 모양으로 '기구를 이용하여 생산하다'는 뜻을 나타내었다. 주로 명사(능력, 기술, 성과)로 활용된다.

■ 弗(불): 아니다, ~하지 않다 [비교] '不'보다 강한 부정의 뜻을 지닌다.

■ 居(거): 머물다, 매달리다, 점거占居하다, 점유占有하다, 집착執着하다 ※ 갑골문에서 '=(부녀자)+(子를 뒤집은 모양)'으로 '부녀자가 아이를 키우다'는 뜻을 나타낸 회의자이다. 명사(거주, 집)과 동사(자리잡다, 서 있다, 보유하다)로 활용된다.

爲 而 不 恃, 功 成 而 弗 居。
(술어1) (접속어) (술어2) (주어) (술어1) (접속어) (술어2)

> 일을 이루어 내고도 자랑하지 않으며, 공을 세워도 집착하지 않는다.

9 夫唯不居, 是以不去。

■ 夫(부): 무릇, 대저 [발어사]

■ 唯(유): 오직, 오로지 (~할 뿐이다)

■ 去(거): 떠나다, 사라지다, 제거除去하다, 배척排斥하다

■ 不去(불거): 자연적인 가치를 배척하지 않는다.

夫	唯	不 居,	是以	不 去 。
(발어)	(부사어)	(술 어)	(주어)	(술 어)

무릇 오로지 집착하지 않을 뿐이며, 이 때문에 배척하지 않는다.

참고자료

【《노자老子》는 어떤 책인가? 】

도가사상道家思想의 핵심 사유체계를 기술하고 있는 철학서이다. 일명 '도덕경道德經' 또는 '노자오천문老子五千文'이라고도 부른다. 현전하는 판본에 의하면 약 5000자字 81장章으로 편성되어 있는데, 원본의 편성과는 상당한 차이가 있어서 초기의 형태는 아닌 것으로 추정된다. 춘추말기 노자老子의 저작이라고 하나, 대체로 내용을 근거로 보면 전국시대 중기 무렵에 편찬되어 전국시대 말기에 완성된 것으로 보인다. 전편에 걸쳐 인간과 자연의 조화를 핵심으로 삼는 섭리[道]가 집중적으로 서술되어 있으며, 군사軍事와 병법兵法과 관련된 견해도 일부 포함되어 있다. 전반적인 내용은 노자老子의 주관적인 사상 내용이 대부분을 차지하지만, 고대의 천문天文, 양생養生, 기술技術 등을 다루고 있으므로 소중한 문헌적 가치를 지니고 있다. 후세 도교道敎가 성행하면서 《노자》를 핵심 경전經典으로 존숭하였다.

노자의 성姓은 이李이고 이름이 이耳이며, 자字가 담聃이다. 그는 제자백가 중 성현의 반열班列에 들며 '노자老子'로 존칭되어 왔다. 그의 사적은 《사기史記·노자한비열전老子韓非列傳》에 기록되어 있다. 춘추시대 초楚나라 고현古縣(지금의 河南省 鹿邑 동부) 출신이며, 주대周代 왕실의 도서관에 해당하는 수장守藏에서 도서 관리를 담당하는 사관을 지냈다. 전하는 바에 의하면, 공자孔子가 노자를 방문하여 예禮에 대한 가르침을 받기도 했다고 하며, 얼마 후 주周 왕실王室이 쇠락하는 것을 목격하면서 은거를 결심하여 서쪽으로 여행을 떠났다. 도중에 관문關門의 문지기 관윤關尹 희喜의 요청을 받았고, 이에 상·하편의 《노자》를 저술한 후 행방을 감추었다고 전한다. 그러나 이 전설에 대해 사마천司馬遷을 비롯하여 많은 학자들이 의문을 제기하였고, 공자의 선현先賢으로서 기원전 6세기에 활약한 인물이라 보기에 신빙성이 희박하다. 현재까지 제기된 견해를 종합하면,

① 공자(기원전 479년에 죽음)보다 100년가량 후배라는 설, ② 상상의 인물로서 후인들에 의해 가탁假托된 인물이라는 설 등 실존설實存說과 가상설假想說로 압축된다. 요컨대, 기원전 4세기를 전후한 시대를 살았던 인물로 미루어 알 수 있으며, 전국시대戰國時代 중기를 기점으로 형성된 사상체계로 간주된다. 그러나 작자에 대한 신비한 해명을 밝혀내기보다는, 노장사상에 나타난 순수한 자연관自然觀과 상대적 가치관價値觀 등 후세에 미친 철학적 영향과 문화적 공헌을 고찰할 필요가 있다.

상편은 '도道'로 시작되므로 '도경道經', 하편은 '덕德'으로 시작되므로 '덕경德經'이라 칭하며, 통칭하여 '도덕경道德經'이라 불렀다. 그러나 도가道家에서 말하는 도덕이란, 유가儒家의 기본적인 개념과는 달리, 만물의 주재자主宰者로서 자연自然을 설정하였고, 객관적인 자연의 섭리攝理를 상징하는 개념이다. 문장은 기본적으로 운문韻文에 가깝고, 간혹 '혜兮'자를 사용하여 초사의 문체를 혼용한 구식句式을 갖추고 있다. 대체로 '무위無爲'와 '수유守柔'를 중추적인 논지論旨로 삼고 있다. 전자의 경우는 어떤 외부물질에도 탐닉하지 않는 자각성自覺性을, 후자의 경우는 그것을 유지하는 인생관人生觀을 의미한다. 이 두 가지는 도가에서 말하는 도道의 근거가 되며, 전편에 걸쳐 많은 대립對立과 반증反證의 논리가 포함되어 있다. 간결하고 격언식의 표현이 많으며, 대구對句와 각운脚韻이 잘 발휘되어 있다.

【《노자老子》에 표현된 유명한 명언 풀이】

난해한 원전 《노자》를 쉽게 풀이한 이석명의 《노자, 비움과 낮춤의 철학》(도서출판 천지인, 2011)에서 명쾌하게 소개한 내용을 몇 가지 발췌하였다.

첫째, 선한 사람은 물과 같다. 노자는 물에서 겸손과 낮춤을 보았다. 물은 만물에게 이로움을 주지만 그것을 내세우거나 뽐내지 않으며, 낮은 곳을 향해 흘러 남들이 기피하고 싫어하는 가장 낮은 곳을 찾아든다. 물은 인간을 포함한 만물에 생명을 주고 정화작용을 하는 등 엄청난 이로움과 혜택을 준다. 하지만 물은 이러한 이로움이나 공을 스스로 의식하거나 자랑하지 않는다. 노자는 물에 나타나는 이러한 겸양의 모습을 '공을 다투지 않다'로 표현한다. 또한 물은 네모난 그릇에 담기면 네모가 되고 둥근 그릇에 담기면 둥글게 된다. 즉 물은 결코 '나'를 주장하지 않는다. 따라서 물에는 '너'와 '나'의 구별이 없으며, 때문에 쉽게 갈라지기도 하지만 또 쉽게 합쳐지기도 한다. '다툼'이라는 것은 너와 나의 구분이 있을 때 생기는 것이 아니던가. 물의 이러한 모습에서 노자는 '도道'의 그림자를 보았다. 그래서 노자는 '물은 도에 가깝다'고 선언한다.

둘째, 귀함은 천함을 근본으로 삼다. 칭찬도 자주 듣다 보면 식상하게 된다. 뿐만 아니라 너무 자주 칭찬을 듣다 보면 저도 모르게 우쭐해지고, 우쭐해지다 보면 교만에 찬 행동을 하게 된다. 그러면 사람들은 더 이상 그를 칭찬하지 않으며, 오히려 이제까지 칭찬한 것 이상으로 비난하게 된다. 이것이 노자가 말한 '자주 칭찬받으면, 결국 칭찬이 사라진다'는 의미다. 세상 사람들의 칭찬이란 뜬구름과 같은 것이다. 바람이 불면 일순간에 구름이 흩어지듯이, 칭찬이라는 것 또한 세상 여론의 향방에 따라 쉽게 비난으로 바뀔 수 있는 허망한 것이다. 한때 엄청난 인기와 명성을 누리다가 지금은 잊혀져간 수많은 연예인들을 보라. 산이 높으면 계곡도 깊듯이, 과거의 인기와 명성이 높고 화려했을수록 그들이 겪는 절망과 고통은 더욱 더 깊다. 예나 지금이나 이런 이치는 변함이 없다. 그러기에 노자는 '세상에 드러나고 칭찬받는 것에 너무 목숨 걸지 말라'고 충고한다.

셋째, 어리석은 사람은 도를 들으면 크게 비웃는다. 세상에서 진실한 말, 즉 도道는 별로 환영받지 못한다. 인기가수의 현란한 춤과 노랫소리에는 환호하면서도 진리의 말을 들으면 얼굴을 찡그리고 외면하려 든다. 심지어는 헛소리라고 비웃으면서 조롱하는 사람들도 있다. 진리의 말은 재미도 없고 무미건조하며 때로는 고통을 주기 때문이다. 몸에 좋은 약이 입에 쓰듯이 진리의 말은 사람들의 아픈 곳을 콕콕 찌른다. 따라서 도를 들으면 소수의 깨어 있는 사람들만이 부지런히 실천하고, 나머지 대부분의 사람들은 마음속으로 반신반의하면서 회피하거나 노골적으로 비웃는다. 이에 노자는 대중들에 의해 '비웃음 받지 않으면 도라고 할 수 없다'는 극단적인 말까지 한다. 그러나 훌륭한 사람은 도를 듣는 순간 깨닫고 실천하는 데 힘쓴다.

넷째, 도에 힘쓰는 사람은 날마다 덜어 낸다. '무위無爲'에 이른다는 것은 곧 무심의 상태에 도달함을 의미한다. 오랜 세월 수행하다 보면 어느 순간 텅 빈 고요에 이르게 되고, 그러한 텅 빈 고요함에 이른 사람의 행위는 늘 물 흐르듯 자연스럽다. 그런 사람은 자신을 있는 그대로 드러낼 뿐 포장하지 않으며, 순리에 따를 뿐 자기 주관이나 욕심을 고집하지 않는다. 그 결과 그의 모든 행위는 그물에 걸리지 않는 바람처럼 항상 자유롭고 여유롭다. 샘물은 자꾸 비워야 맑고 깨끗한 물이 다시 샘솟는다. 만약 비우지 않고 가득 채우고 있으면 그 샘은 썩어갈 것이고 결국에는 더 이상 샘솟지 않게 될 것이다. 우리 마음도 마찬가지다. 마음을 자꾸 비워야 영혼이 맑아진다. 비우고 또 비워 무위의 경지에 이르면 진정 자유로운 존재가 되어 세상을 멋스럽게 살아갈 것이다.

다섯째, 문밖을 나서지 않아도 천하를 안다. 거대한 국가를 다스리는 데 통치자 한 사람이 모든 일을 다 감당할 수는 없다. 때문에 훌륭한 통치자는 우수한 인재를 등용하여 그들의 능력에 맞는 실무를 맡긴다. 따라서 이때 통치자가 하는 일은 단지 깊은 궁궐에 고요히 머물면서 적재적소에 합당한 인재들을 등용하고, 그 결과에 따라 상벌을 시행하는 것뿐이다. 하지만 우리의 지도자들은 어떤가? 국정의 모든 일들에 지도자들이 일일이 나서서 참견하는 모습을 보인다. 어쩌면 그들은 그런 모습들을 통해 열심히 일하는 지도자라는 이미지를 국민들에게 심어주고 싶은 것인지도 모른다. 그러나 노자의 관점에서 보면 그런 사람은 무능한 지도자다.

이러한 다양한 비유와 사유체계는 그 시대의 담론談論을 확장한 것이며, 간혹 난해한 표현으로 인하여 불투명한 논란을 야기하기도 한다. 아무튼 《노자》는 도가사상의 체계를 수립하는 근간이며, 동양의 사상을 대변하며 유가사상과 더불어 양대 사상으로 평가받으며, 후세 수많은 지성인의 정신세계를 형성하는 데 영향을 끼치고 있다.

현재 통행본으로 위나라 때 왕필王弼(226~249)의 《노자도덕경주老子道德經注》가 가장 오래된 판본이며, 81장章으로 나누어 전반부 37장을 '도경道經'이라 하고 후반부 44장을 '덕경德經'이라 하였다. 이후 왕필본을 중각한 무수한 판본들이 출현하였다. 대표적인 주석본으로 서한 하상공河上公의 《도덕진경주道德眞經注》를 들 수 있으며, 연구서로는 근인 마서륜馬敍倫의 《노자핵고老子覈詁》가 비교적 정밀한 분석을 가하여 성취도를 인정받았다. 그 외에 거론되는 판본은 당대 부혁傅奕의 《교정고본노자校定古本老子》, 명대 초굉焦竑의 《노자익老子翼》, 청대 위원魏源의 《노자본의老子本義》, 근인 마서륜의 《노자교고老子校詁》, 고형高亨의 《노자정고老子正詁》, 주겸지朱謙之의 《노자교석老子校釋》 등을 참고할 만하다.

연습문제

㈎ 天下皆知美之㉠爲美，斯㉡惡已。 ㈏ 長短㉢相形，高下相㉣傾。 ㈐ 萬物作㉤焉而不辭，生而㉥不有。

1. 예문㈎에서 밑줄 친 ㉠爲의 뜻으로 가장 바른 것은?

   ① 위하여 ② 간주하다 ③ 성취하다 ④ 좋아하다

2. 예문㈎에서 밑줄 친 ㉡惡의 음과 뜻을 바르게 짝지은 것은?

   ① 악-나쁘다 ② 오-싫어하다 ③ 악-즐겁다 ④ 오-어찌

3. 예문㈏에서 밑줄 친 ㉢相의 풀이로 가장 바른 것은?

   ① 서로 다른 차이 ② 상호보완 관계
   ③ 양자 결합 원리 ④ 비교적인 기준

4. 예문㈏에서 밑줄 친 ㉣傾의 뜻이 될 수 **없는** 것은?

   ① 편향偏向된 차이 ② 격차隔差를 보이다
   ③ 편협偏狹한 생각 ④ 등차等差가 생기다

5. 예문㈐에서 제기한 '萬物'의 속성은 무엇인가?

   ① 자연의 겸허함 ② 우주의 위대함
   ③ 인류의 창의력 ④ 자연의 공포감

6. 예문㈐의 밑줄 친 ⓜ焉의 뜻으로 가장 바른 것은?

① 이것　② 어디　③ 이유　④ 어떤

7. 예문㈐에서 밑줄 친 ⓑ不有의 풀이로 가장 바른 것은?

① 존재하지 않다　② 소유하지 않다
③ 거역하지 않다　④ 인정하지 않다

㈑ (　　　)相和, (　　　)相隨。 ㈒ 聖人處無爲之事, 行不言之敎。 ㈓ 爲而不恃, (공을 세우고도 집착하지 않는다.)

8. 예문㈑의 괄호(　　)에 차례대로 들어갈 한자어는?

① 前後 - 音聲　② 本末 - 合音
③ 音聲 - 前後　④ 和音 - 本末

9. 예문㈒에서 밑줄 친 處無爲之事를 가장 바르게 설명한 것은?

① 무턱대고 일을 하지 않다　② 기준대로 처리하지 않다
③ 억지스런 일을 하지 않다　④ 가르치지 않아도 힘쓰다

10. 예문㈓의 괄호(　　)의 뜻에 가장 알맞은 문장은?

① 攻城而弗心　② 功成而弗居
③ 立攻而無心　④ 成功而不居

한자어쓰기

美	醜	美	醜				
아름답다【미】	추하다【추】						

善	惡	善	惡				
착하다【선】	나쁘다【악】						

相	生	相	生				
서로【상】	날【생】						

難	易	難	易				
어렵다【난】	쉽다【이】						

反	應	反	應				
뒤집다【반】	응하다【응】						

形	成	形	成				
모양【형】	이루다【성】						

傾	向	傾	向				
기울다【경】	향하다【향】						

한자어쓰기

音	聲	音	聲				
가락【음】	소리【성】						

調	和	調	和				
고르다【조】	화목하다【화】						

前	後	前	後				
앞【전】	뒤【후】						

隨	行	隨	行				
뒤따르다【수】	나아가다【행】						

處	身	處	身				
머물다【처】	몸【신】						

無	爲	無	爲				
없다【무】	하다【위】						

成	功	成	功				
이루다【성】	공로【공】						

원 문 해 석

세상 사람들은 모두 기존의 아름다움을 아름답다고 여기지만, 곧 추한 것일 뿐이다. 모두 기존의 옳음을 옳다고 여기지만, 곧 올바르지 않을 수 있다. 그러므로 가치가 있고 없음은 상대적으로 존재하는 것이며, 일이 어렵고 쉬움은 상대적으로 성립되는 것이며, 재능이 뛰어나고 미흡함은 상대적으로 형성된 것이며, 직위가 높고 낮음은 상대적으로 차이를 말함이다. 합음과 단음은 상호보완적으로 어울리는 것이며, 순서의 앞과 뒤가 있는 것은 상호보완적으로 수반되는 것이다. 이런 까닭으로 훌륭한 성인은 억지스럽게 인위적인 일을 하지 않으며, 설명하지 않아도 아는 가르침을 실천한다. 만물이 어떤 일을 이루어내더라도 표현하지 않으며, 만들어내더라도 소유하지 않으며, 일을 하고도 자랑하지 않으며, 공훈을 달성하더라도 결코 집착하지 않는다. 오직 개인적인 명예에 집착하지 않을 뿐이며, 이런 까닭으로 자연적인 가치를 배척하지 않는다.

연습문제답안

1.② 2.① 3.④ 4.③ 5.① 6.④ 7.② 8.③ 9.③ 10.②

진정한 공평함

사사로움 없이 보다

진정한 공평함

사사로움 없이 보다

▢ 呂氏春秋•去私, 呂不韋 撰 ▢

출전해설

진秦나라의 재상이었던 여불위呂不韋(?~기원전235년)가 선진시기의 학설을 《여씨춘추呂氏春秋》(26권)에 수록하였다. 그는 3천 명의 학자들에게 요청하여 다양한 사실과 설화를 비롯하여 올바른 선비정신과 실용주의 정신이 무엇인지 해답을 알고 싶었다. 춘추전국시대의 천문·지리·인사·행정을 총결한 백과전서의 성격을 띠고 있어 잡가雜家로 분류되지만, 정치와 사회에 대한 가장 지혜로운 모범답안을 세밀하게 분석하고 절충한 문헌이다.

일명 '여람呂覽'으로도 불리는데, 총26권, 160편으로 구성 되어 있다. 연감에 해당하는 12권의 기紀를 비롯하여 보고서에 해당하는 팔람八覽(8권), 논문에 해당하는 육론六論(6권)을 수록하고 있다. 내용은 각 지역 지성인들의 재능과 학식이 망라되어 있으며, 각자가 체험적 사실과 견문들을 기록하게 하였다. 그 분량은 거의 20만언二十萬言에 이른다. 여불위는 이렇게 해서 모아진 자료를 편찬하여 하나의 책으로 만들고, 온갖 천지만물의 관심거리를 다 갖추고 있어서 《여씨춘추》라 명명하였다. 또한 그는 이 책을 진의 수도 함양咸陽 거리에 진시하여, 누구든 한 글자라도 잘못된 데를 지적하여 바로잡는 자가 있다면, 천금의 상금을 주겠다고 하였다. 거기에 응하는 사람이 하나도 없었다고 한다.

【정리-1】 여불위呂不韋는 왜 이 책을 썼는가?

중원中原 지역 전국시대에 대항하여 진秦의 국력과 문화를 과시하기 위해 빈객을 불러 모아서 총서를 간행하고자 하였다. 강력한 제국 건설을 도모하며 정치와 법령의 제정에 참고하기 위해 계획적인 작업을 착수한 것이었다. 《여씨춘추》가 세상에 나왔을 때 이 책의 평가는 예상대로 매우 좋았으며, 그 당시 정치가로서 대부호로서의 모습을 유감없이 드러낸 업적이 되었다. 현전하는 판본에는 후인의 가필이 섞여 있다. 《사기史記》에 의하면, 〈팔람〉은 여불위가 진秦나라에서 쫓겨나서 촉蜀 땅으로 유배된 뒤 편집되었다고 전한다. 그러나 실제 여불위는 촉 땅으로 가지 않았고 자살自殺하였으므로, 아마 그의 빈객들이 촉 땅에서 편집한 것으로 보인다.

【정리-2】 방대한 작업을 착수한 여불위는 어떤 사람인가?

그는 하남河南 양적陽翟 출신의 대상인이었다. 당시의 상인은 여러 지역을 떠돌며 거처하였다. 이런 관계로 조趙나라의 도읍 한단邯鄲에도 가게 되었으며, 그때 조나라에 인질人質의 몸이었던 진秦나라의 왕자王子인 자초子楚를 알게 되었다. 자초는 시황제始皇帝의 부친으로 뒷날 장양왕莊襄王이 되었지만, 그때에는 인질이라 가망이 없는 존재였다. 여불위는 자초와 가까이 지내며, 장차 왕의 재목감으로 여겨 그에게 경제적인 지원을 아끼지 않았다. 그래서 자초는 그곳 명사名士들과 교제가 많아졌고, 그로부터 사교계社交界에 이름을 드날리게 되었다. 그가 조나라 사교계에서 이름을 날린다는 소문이 본국에까지 들리니 본국에서도 새삼 그를 주목하게 되었고, 그래서 얼마 뒤에는 본국으로 소환召喚되었다. 그런 뒤에 여불위는 돈을 아끼지 않는 맹렬한 활약으로 해서 그는 마침내 진나라의 정사正嗣가 되어 정식으로 왕위계승권王位繼承權을 획득하게 되었다. 소양왕昭襄王이 죽고 그 뒤를 이어 효문왕孝文王이 즉위하였으며 따라서 자초는 태자太子가 되었다. 그런데 효문왕이 즉위한 지 3일 만에 급사急死하게 되자 태자인 자초가 왕위에 올라 장양왕莊襄王이 되었다. 장양왕이 왕위에 오르자 여불위는 하루아침에 상인商人에서 진나라의 재상宰相이 되었다. 3년 후 장양왕도 죽고 그의 13살 아들 정政이 왕위를 이었는데 그가 곧 시황제다. 여불위는 계속 재상으로서 어린 진왕秦王 정政과 함께 정치의 실권을 장악하였다. 이 시기에 빈객賓客을 초빙하여 《여씨춘추》를 만든 것이다.

원문읽기

1 晉平公問於祁黃羊曰;

2 南陽無令, 其誰可而爲之?

3 祁黃羊對曰; 解狐可。

4 平公曰; 解狐, 非子之仇邪?

5 對曰; 君問可, 非問臣之仇也。

6 平公曰; 善。

7 遂用之, 國人稱善焉。

8 居有間, 平公又問祁黃羊曰;

9 國無尉, 其誰可而爲之?

10 對曰；祁午可。

11 平公曰；祁午，非子之子邪？

12 對曰；君問可，非問臣之子也。

13 平公曰；善。

14 又遂用之，國人稱善焉。

15 孔子聞之曰；善哉，祁黃羊之論也！

16 外擧不避仇，內擧不避子，

17 祁黃羊可謂公矣。

어구풀이

1 晉平公問於祁黃羊曰;

■ 晉(진) 춘추시대春秋時代 제후국. 주周 성왕成王의 동생 희우姬虞가 처음 분봉 받은 지역이다. 진晋 22대 문공文公 때 강성하여 첫 춘추오패의 국가로서 전성기를 구가하였다.

■ 平公(평왕): 진晋 29대 군주 표彪. 환락에 빠져 국운이 기울고 삼진三晋 분열의 조짐이 나타나기 시작하였다. 경卿들의 세력은 더욱 각축전을 벌이며 난립하여 불안한 시대였다.

■ 於(어): ~에게 [대상격 전치사]

■ 祁黃羊(기황양): 진晋 평공平公 시기에 대부大夫를 지냈다. 성은 기祁이고 이름이 혜奚이다. 황양黃羊은 그의 자字이다.

晉平公	問	於	祁黃羊	曰;
(주어)	(술어)	(전치사)	(목적어)	(술어)

진 평공은 기황양에게 물었다

2 南陽無令, 其誰可而爲之?

■ 南陽(남양): 진晋나라 지명. 지금의 하남성河南省 북부 적가현荻嘉縣

■ 令(령): 관직명 [지방 행정관]

■ 誰(수): 누구, 어떤 사람 ※ 원형은 '言+隹(새 추)'의 결합으로 새가 낯선 사람을 향하여 우는 소리를 본뜬 글자이다.

■ 可(가): 올바르다, 합당하다, 좋다 [허락]

■ 爲(위): 다스리다 [대동사] ※ =職(직), =任(임) =治(치)

南陽	無	令,	其	誰	可	而	爲之?
(부사어)	(술어)	(목적어)	(주어)	(목적어)	(술어1)	(접속어)	(술어2)

남양에는 현령이 없는데, 그 자리에는 누구를 허락하여 맡길까요?

3 祁黃羊對曰; 解狐可。

■ **對**(대): 대답하다 ※ 지휘관이 긴 칼을 빼들고 적과 대치하고 있는 '' 회의자로 '대항하다'는 뜻이며, 동사(대면하다, 대응하다, 대답하다), 전치사(-에게), 형용사(부합하다, 정확하다), 양사(한 짝) 등으로 활용된다.

■ **解狐**(해호): 인명. 진晋나라의 신하

祁黃羊	對	曰;	解狐	可 。
(주 어)	(술어1)	(술어2)	(주어)	(술어)

기황양은 대답하였다. 해호가 좋겠습니다.

4 平公曰; 解狐, 非子之仇邪?

■ **子**(자): 그대, 당신 [2인칭]

■ **仇**(구): 짝, 원수怨讎, 적수敵手 ※ =讐(수) =讎(수) =敵(적)

■ **非~邪**(비-야): ~이 아니겠는가? [반문형] ※ 邪(야)는 의문 종결사(=耶)

平公	曰;	解狐,	非	子之 仇	邪 ?
(주 어)	(부사어)	(주어)	(술어)	(목적어)	(반문어)

평공이 물었다. 해호는 그대의 원수가 아닌가?

5 對曰; 君問可, 非問臣之仇也。

■ **君**(군): 임금, 군주. 여기서는 평공平公을 지칭한 것이다.

■ **問**(문): 묻다, 물음

■ **臣**(신): 신하, 섬기다. 여기서는 기황양祁黃羊을 지칭한다.

■ **也**(야): [서술 종결사] 문장 끝 놓여서 종결을 표시한다.

對曰;	君	問	可,	非	問	臣之仇	也 。
(술어)	(주어)	(술어)	(목적어)	(부사어)	(술어)	(목 적 어)	(종결어)

> 대답하였다. 임금께서는 적합함을 물었고, 저의 원수를 묻지 않았습니다.

6 平公曰; 善。

- **善**(선): 옳다, 좋다, 훌륭하다 [대답] 然(연) 그렇습니다, 그렇소. ※ 원래 두 마리의 양이 마주하고 있는 ‘ ’ 회의자로서 ‘차분하게 말을 주고받다’는 뜻이며, 형용사(보기 좋다, 훌륭하다), 동사(잘 하다), 부사(잘)로 활용된다.

平公	曰;	善 。
(주어)	(술어)	(술어)

> 평공은 말하였다. 옳도다.

7 遂用之, 國人稱善焉。

- **遂**(수): 마침내, 드디어
- **用**(용): 등용登庸하다, 채용採用하다, 임용任用하다
- **國人**(국인): 백성, 또는 남양南陽 땅에 사는 백성으로 볼 수도 있다.
- **稱**(칭): 자랑하다, 호평好評하다, 칭송稱頌하다, 칭찬稱讚하다. =秤(속자) = 偁(본자) ※ 원래 어망魚網으로 물고기를 계속 잡는 ‘ ’ 회의자로서 ‘뜻대로, 마음대로’의 의미이며, 동사(목표와 일치되다, 부합하다, 찬양하다, 부르다), 명사(호칭) 등으로 활용되며, 공정하게 식량을 재는 저울을 뜻하는 ‘秤’자의 가차자로서 활용된다.
- **焉**(언): 그(사람). 여기서는 기황양祁黃羊을 지칭한다.

遂	用	之,	國人	稱	善	焉 。
(접속어)	(술어)	(목적어)	(주어)	(술어)	(수식어)	(목적어)

> 마침내 그를 등용하자, 모든 사람들은 올바른 그를 칭송하였다.

8 居有間, 平公又問祁黃羊曰;

- 居有間(거유간): 얼마 후, 오래지 않아. ※ 須臾(수유) 잠시 동안, 頃之(경지) 잠깐 사이. ※ 居間(거간)은 물건을 사고파는 사람 사이에서 흥정을 붙이는 것을 말한다. (=拒諫, 巨姦)
- 又(우): 또, 다시. [반복·나열] ※ 원형은 세 손가락으로 물건을 잡고 있는 모양'ㅋ'을 본뜬 상형자이며 '有'(가지고 있다)로 대체되고, 중복이나 나열의 부사로서 '또'의 뜻으로 사용되었다. 한편 '亦'은 양쪽 겨드랑이를 나타내는 모양'亦'을 본뜬 상형자이며, '腋'(액, 겨드랑이)로 교체되고, 부사로서 '마찬가지, 또한'의 뜻으로 사용되었다.

居有間,	平公	又	問	祁黃羊	曰;
(부사어)	(주어)	(부사어)	(술어1)	(목적어1)	(술어2)

> 얼마 후, 평공은 또 다시 기황양에게 물었다.

9 國無尉, 其誰可而爲之?

- 國(국): 나라, 즉 진晋나라.
- 尉(위): 군대軍隊의 지휘관, 장성급將星級 무관에 해당한다.

國	無	尉,	其	誰	可	而	爲之?
(주어)	(술어)	(목적어)	(주어)	(목적어)	(술어1)	(접속어)	(술어2)

> 나라에는 군 지휘관이 없는데, 그 자리에 누구를 허락하여 맡길까요?

10 對曰; 祁午可。

- 午(오): 기황양祁黃羊의 아들

※ 3(참조)

11 平公曰; 午, 非子之子邪?

■ 子之子(자지자): 그대의 아들

☞ 4(참조)

12 對曰; 君問可, 非問臣之子也。

☞ 수(참조)

13 平公曰; 善。

☞ 6(참조)

14 又遂用之, 國人稱善焉。

☞ 7(참조)

15 孔子聞之曰; 善哉, 祁黃羊之論也!

■ 孔子(공자): 춘추시대 유가를 대표하는 성인聖人이며, 이름은 구丘이고, 자가 중니仲尼이다. '공부자孔夫子'로 칭하기도 한다.

■ 聞(문): (소문 또는 소식을) 듣다

■ 哉(재): 감탄 어조사

■ 論(논): 견해見解, 논변論辯, 주장主張

孔子	聞之	曰;	善	哉,	祁黃羊之論	也!
(주어)	(술어1)	(술어2)	(술어)	(감탄어)	(목 적 어)	(종결어)

공자는 이 소식을 듣고 말하였다. 올바르구나, 기황양의 견해여!

16 外擧不避仇，內擧不避子，

- **外**(외): 대인관계, 외부세계. ※ 원래 밤하늘의 별자리를 보며 점치는 ‘ ’ 회의자이며, ‘멀리, 바깥’을 뜻하게 되었다.
- **擧**(거): 추천推薦하다, 추대推戴하다, 천거薦擧하다
- **避**(피): 피하다, 꺼리다, 벗어나다, 기피忌避하다, 회피回避하다
- **內**(내): 혈연관계, 내부세계. ※ 원래 움집으로 들어가서 거주하는 ‘ ’ 회의자이며, ‘가까이, 안쪽’을 뜻하게 되었다. 고대에는 ‘納’(납)과 통용하여 사용되었다.

外	擧	不避	仇,	內	擧	不避	子 ,
(주어)	(술어2)	(술어3)	(목적어)	(주어)	(술어2)	(술어1)	(목적어)

대인관계에 있어서 원수를 기피하지 않고 추천하였고,
친족관계에 있어서 아들을 기피하지 않고 추천하였다.

17 祁黃羊可謂公矣。

- **可~矣**(가의): ~할 만하다.
- **謂**(위): 말하다, 일컫다, 칭하다, 평하다
- **公**(공): 공평公平하다, 공정公正하다, 균형적이다, 공명정대하다. ※ 원래 고대에 식량이 부족하여 생존을 위해 식량을 나누는 ‘ ’ 회의자이며, 형용사(치우침이 없다, 합리적이다, 정의롭다), 동사(공개하다), 부사(공개적으로), 명사(대중, 공적인 일) 등으로 활용된다.

祁黃羊	可謂	公	矣 。
(주 어)	(술 어)	(목적어)	(종결어)

기황양은 공명정대한 사람이라 할 만하다.

참고자료

【 진 평공과 망국의 음악, 미미지악靡靡之樂 】

오吳나라 계찰季札이 진晉나라에 들렀을 때 재상 숙향叔向에게 "장차 진나라의 정권이 조趙·한韓·위魏 세 가문에게 돌아갈 것"이라고 예언하였다. 진나라의 분열 즉 삼진三晉의 성립은 전국시대의 서막이었다. 나라가 분열되면 군주의 권력이 허약해졌음을 의미하는데, 진 평공平公의 실정失政으로 조짐이 확연하였다.

춘추오패春秋五霸의 나라였던 진晉나라는 강국이었고, 부국강병책을 따르면 얼마든지 더 강한 나라를 만들 수도 있었다. 그러나 군주가 정치에 무관심하고 개인적인 사치를 누리면 몰락하기 마련이다. 평공은 만년에 환락에 빠져 아무런 제어장치도 없는 호화사치를 즐겼으므로 제후의 권력은 약해질 수밖에 없었다.

제나라의 대부 안영晏嬰이 진나라에 사신으로 왔을 때 대부 숙향은 국운이 다하였음을 감지하여 다음과 같이 말하였다. "진나라는 이미 쇠하고 있습니다. 군주는 조세를 많이 거두어 누각과 연못을 만들며 정사는 돌보지 않아서 마침내 나라의 권력은 세도가들의 손에 들어가 있으니 어찌 오래 갈 수 있겠습니까?"

진 평공과 관련하여 《한비자韓非子》에도 일화를 전하고 있다. 진나라 평공이 만년에 사기궁虒祁宮을 짓고 낙성식에 여러 제후들을 초대하자 모두 비웃었지만 축하하지 않을 수 없었다. 위衛나라 영공靈公이 국경을 지나며 복수濮水 강가에서 유숙하는데, 한밤중 어디선가 거문고를 타는 소리가 들렸다. 시종들에게 그 소리를 들었느냐 하니 아무도 듣지 못하였다고 하였다. 위 영공은 악사 연涓을 불러 부탁하였다. "내가 분명히 거문고 타는 소리를 들었는데 아무도 듣지 못했다고 하니 이는 귀신의 음악과 비슷한 것이로다. 나를 위해 자세히 듣고 곡을 재현하라." 악사 연이 단정히 앉아 귀를 기울였다. 다음날 악사 연은 곡조를 들었으나 미처 다 익히질 못하였으므로 하루 더 묵기를 요청하였다. 위 영공이 허락하자 그날 밤 악사 연은 귀신의 음악을 익혔다. 영공이 다시 길을 떠나 진나라에 도착하였다. 연로한 진 평공은 젊은 이웃나라 제후를 반갑게 맞아주었다. 밤에 연회가 펼쳐졌을 때 위 영공이 말하였다. "제가 오는 길에 물가에서 새로운 음악을 얻었습니다. 허락하신다면 저희 악사로 하여금 연주하게 할까 합니다." 평공은 기꺼이 연주를 청하였다. 악사 연이 거문고를 당겨 앉아 새 곡을 연주하기 시작하였다. 진나라 유명한 악사 사광師曠이 그 곁에 앉았다. 곡은 애절하면서도 끈끈하게 심금을 울렸다. 음악이 길어지자 사광이 중간에 연주를 그치게 하였다. "이 음악은 말씀드리기 황송하오나 망국의 소리亡國之音입니다. 더 이상 들어서는 안 됩니다." 두 제후가 놀라서 물었다. "이 음악을 아시오? 무슨 음악인데 그러시오?" 사광이 설명하였다. "이 음악은 옛날 은나라의 망군 주왕紂王을 위하여 사연師延이라는 악사가 만든 〈미미지악靡靡之樂〉 입니다. 무왕께서 주왕을 칠 때 연은 동쪽으로 달아나다가 강물에 투신하였는데, 이 노래를 들은 곳은 반드시 그곳이었을 것입니다. 이 음악을 듣는 사람은 나라를 잃게 됩니다." 그러나 평공은 '내가 좋아하는 음악이니 마저 연주하라'고 독촉하였다. 연이 남은 부분을 마저 연주하였다. "슬프도다. 이보다 슬픈 음악도 있는가?"라고 묻자, 사광이 "있습니다."라고 말하니, 평공은 그것을 연주하게 하였다. 사광은 또 만류하였다. "주군의 덕으로는 감당하기 어려울 것입니다." 그러나 평공이 고집하므로 사광이 거문고를 탔다. 연주 중에 열여섯 마리의 검은 학이 날아와 목을 길게 빼고 울며 춤을 추었다. 평공은 슬픈 음악을 듣고서 기뻐하였다. 사광이 말하였다. "오랜 옛날에 황제黃帝가 듣고 귀신을 불러들였다는 음악도 있습니다만, 주군께서는 들으시면 안 됩니다." 평공은 "나는 이미 늙어서 죽음도 두렵지 않다. 세상에 존재한 모든 음악을 듣고 싶으니 부디 그것도 들려다오."라고 부탁하였다. 사광이 하는 수 없이 연주를 시작하였다. 연주를 시작하자 흰 구름이 북쪽으로부터 몰려왔고, 계속 두 번째 가락을 연주하자 비바람이 몰려와 연회장의 기왓장을 모두 날려버렸다. 평공이 두려워 마루 밑으로 엎드렸다. 이로부터 진나라는 3년간 가뭄이 극심하여 국토가 말라버렸고, 평공은 3년간 병을 앓다가 죽었다고 전한다.

【 조선 정조正祖와 다산 정약용丁若鏞의 일화 】

정조 13년 1789년에 28세의 나이로 다산茶山은 문과에 급제하였다. 그해 정조 시대의 훌륭한 인재발탁 제도인 규장각의 초계문신抄啓文臣으로 선임된다. 발탁된 인재 중에서 더 우수한 인재를 뽑기 위해 초계문신들은 수시로 경서經書를 강독하는 시험을 치러야 하였다. 하루는 《논어論語》에 대한 강독이 있었다. 그런데 뜻밖에 그 전날 밤에 내각의 아전衙前이 다산을 찾아와 종이 한 장을 보여주면서 내일 강독하게 될 장章이라고 미리 일러주었다. 다산은 깜짝 놀라면서 강독할 책의 장을 미리 알려주는 법이 어떻게 있을 수 있는 일이냐면서 믿지 않으려했더니, 아전은 임금의 어명이니 문제없다고 하였다. 그런데도 다산은 그것을 믿지 못하고 《논어》 전부를 암송하기에 여념이 없었다. 다음날 강독하는 장소에 갔더니 미리 알려주었던 부분이 아니라 다른 부분이었다. 다행히 다산은 전편을 암송하는 노력을 했기에 무리 없이 강독을 마칠 수 있었다. 다산의 재주와 노력을 시험해보려 하였던 정조의 지혜를 알아차리고 다산은 감복하였다. 한편 정조 역시 성실하고 총명한 다산을 더욱 가까이 하였다고 전한다.

연습문제

㈎ 南陽無令, 其誰㉠<u>可</u>而㉡<u>爲</u>之? ㈏ 解狐, (　　)子之㉢<u>仇</u>(　　)? ㈐ ㉣<u>君</u>問可, 非問㉤<u>臣</u>之仇也。

1. 예문㈎에서 밑줄 친 ㉠<u>可</u>와의 뜻풀이로 가장 바른 것은?

① 가능可能하다　② 동의同意하다
③ 불가不可하다　④ 적합適合하다

2. 예문㈎에서 밑줄 친 ㉡<u>爲</u>와 교체할 수 있는 한자어는?

① 任(임)　② 令(령)　③ 對(대)　④ 仇(구)

3. 예문㈏에서 밑줄 친 ㉢<u>仇</u>의 뜻과 **<u>다른</u>** 한자어는?

① 敵(적)　② 偶(우)　③ 讐(수)　④ 讎(수)

4. 예문㈏에서 괄호(　　)에 각각 들어갈 반문反問의 한자어는?

① 可 ~ 矣 ?　② 非 ~ 邪 ?
③ 反 ~ 問 ?　④ 無 ~ 爲 ?

5. 예문㈐에서 밑줄 친 ㉣<u>君</u>에 해당하는 사람은?

① 기황양祁黃羊　② 기황양의 원수
③ 진晋 평공平公　④ 기황양의 아들

6. 예문㈐의 밑줄 친 ⓔ<u>臣</u>에 해당하는 사람은?

① 기황양祁黃羊 ② 기황양의 원수

③ 진晋나라의 평공 ④ 기황양의 아들

7. 예문㈐의 문장을 가장 바르게 풀이한 것은?

① 그대에게 물었으나, 신하의 원수가 없었다.

② 그대를 추천하였으니, 다른 신하에게 말하지 마시오.

③ 임금께서 물으신 것은, 저의 원수를 물어본 것이 아닙니다.

④ 임금께서 적합함을 물으셨고, 저의 원수를 물어본 것이 아닙니다.

> ㈑ 遂ⓗ<u>用</u>之, 國人ⓢ<u>稱</u>善焉。
>
> ㈒ 內, 外, 不, 避, 子, 仇

8. 예문㈑의 밑줄 친 ⓗ<u>用</u>의 뜻풀이로 가장 바른 것은?

① 도구를 만들다 ② 법률에 적용하다

③ 임무를 맡기다 ④ 용무를 설명하다

9. 예문㈒에서 밑줄 친 ⓢ<u>稱</u>과 뜻풀이로 가장 바른 것은?

① 높게 평가하다 ② 명성을 비교하다

③ 자랑할 만하다 ④ 인정받지 못하다

10. 예문㈓의 한자들을 이용하여 〈보기〉의 문장을 완성하시오.

〈보기〉 천거함에 있어서 원수를 기피하지 않았고, 아들마저 마다하지 않았다.

한자어쓰기

質	問	質	問				
바탕【질】	묻다【문】						

許	可	許	可				
허락【허】	옳다【가】						

對	答	對	答				
상대【대】	답하다【답】						

怨	讐	怨	讐				
어렵다【난】	쉽다【이】						

君	臣	君	臣				
임금【군】	신하【신】						

起	用	起	用				
일어나다【기】	쓰다【용】						

稱	讚	稱	讚				
부르다【칭】	기리다【찬】						

한자어쓰기

忌	避	忌	避				
꺼리다【기】	피하다【피】						

國	防	國	防				
나라【방】	막다【방】						

見	聞	見	聞				
보다【견】	듣다【문】						

論	理	論	理				
논하다【논】	이치【리】						

外	部	外	部				
바깥【외】	부서【부】						

公	明	公	明				
공평하다【공】	밝다【명】						

正	大	正	大				
바르다【정】	크다【대】						

원 문 해 석

진晋나라 평공平公은 대부 기황양祁黃羊에게 물었다.

"남양南陽에는 현령이 없는데, 누구를 그 자리에 앉히는 것이 좋겠소?"

기황양은 대답하였다. "해호가 적합합니다."

평공이 말하였다. "해호는 그대의 정적政敵이지 않소?"

(기황양이) 대답하였다. "임금께서는 적임자를 물으셨고, 저의 원수가 누군지 물었던 것이 아닙니다."

평공은 말하였다. "옳도다."

마침내 (해호를) 기용하자, 사람들이 올바른 사람이라고 칭찬하였다.

얼마 후, 평공은 다시 기황양에게 물었다.

"나라에는 사법장관이 없는데, 누구를 그 자리에 앉히는 것이 좋겠소?"

(시황양이) 대답하였다. "기오가 적합합니다."

평공이 말하였다. "기오는 그대의 아들이 아닌가?"

(기황양이) 대답하였다. "임금께서는 적임자를 물으셨고, 저의 아들이 누군지 물었던 것이 아닙니다."

평공은 말하였다. "옳도다."

또 마침내 (기황양의 아들을)기용하자, 사람들이 올바른 사람이라고 칭찬하였다.

공자孔子는 이 소식을 듣고 말하였다.

"옳도다. 기황양의 견해가 옳도다! 대인관계에 있어서 원수를 기피하지 않고 추천하고, 친족관계에 있어서 아들을 기피하지 않고 추천하였으니, 기황양이야말로 공명정대한 사람이라 할 만하다."

연습문제답안

1.④ 2.① 3.② 4.② 5.③ 6.① 7.④ 8.③ 9.①
10. 外擧不避仇, 內擧不避子.

무차별적 사랑

희생과 사랑을 읽다

무차별적 사랑

희생과 사랑을 읽다

□ 墨子•兼愛 □

출전해설

묵자墨子(기원전 470?~390?)는 전국시대 전후에 활동한 사상가로서, 성이 적翟이었지만 이미에 묵형墨刑을 당하여 성을 대신하였다. 그는 처음에 유가儒家를 배웠으나 예교禮敎를 비롯한 형식주의에 반대하게 되었고, 완전한 인간사회를 꿈꾸며 독자적인 사상체계를 수립하였다. 그의 견해를 따르는 사람을 묵가墨家라고 부르지만, 그 당시에는 이단異端으로 배격하였다. 봉건체제를 뛰어넘는 파격적인 그의 사상은 청대에 이르러 새롭게 평가를 받았고, 예수의 가르침보다 더 오래된 묵가의 사상을 재발견하였다.

《묵자》는 묵적과 그의 제자들이 남긴 주요한 주장을 집대성한 것으로, 정치·윤리·종교의 가르침을 논술하고 있다. 묵자는 소외되고 평범한 사람들에게서 인간사회의 본질을 탐색하였고, 가장 평등하고 자유로운 본성을 위한 관념론을 수립하였다. 묵가사상墨家思想의 핵심은 겸애설兼愛說이다. '겸애'란 인류의 사랑을 실천하는 표상表象이며, 약한 자를 보호하려는 보편적인 박애博愛와 천하의 만민에 대한 무차별적인 사랑을 포괄한다. 맹자孟子와 순자荀子의 본성에 대한 철학적 물음이 파급될 무렵, 묵적은 더불어 사는 지혜에 대해 '서로 사랑하라'고 외쳤다. 혼란한 사회를 단절하고, 궁극적으로 평화로 귀착되는 물음을 던진 채 사라졌다. 이제 2천년이 지난 지금, 우리는 묵가의 평등과 박애에 대한 질문에 대답하여야 한다.

【정리-1】《묵자墨子》는 어떻게 구성되었는가?

현재 남아 있는 《묵자》는 총 53편인데, 《한서·예문지》에는 71편이라 밝히고 있다. 절용節用의 상편과 중편, 절장節葬의 상편과 중편 등 18편이 빠져 있다. 53편을 주제별로 나누면 세 가지 부류로 나눌 수 있다. 첫째, 상현尙賢(어진 사람을 존경함), 상동尙同(윗사람의 뜻에 동조함), 겸애兼愛(보편적 사랑), 비공非攻(침략과 전쟁에 대한 비판), 절용節用(근검 절약), 절장節葬(장례의 간소화), 천지天志(하늘의 뜻과 그에 따른 상벌), 명귀明鬼(상벌을 내리는 귀신을 섬김), 비악非樂(음악의 무용론), 비명非命(숙명론에 대한 반대) 등을 말한다. 둘째, 경주耕柱로부터 공수公輸에 이르는 각 편은 묵자와 그 제자들의 언행을 기술한 것이다. 셋째, 경經 상·하, 경설經說 상·하와 대취大取·소취小取의 6편을 '묵변墨辯'이라 부르는데, 이는 후기 묵가사상으로 인식론·논리학·자연과학에 관한 견해를 밝히고 있다.

【정리-2】유가사상儒家思想은 왜 묵가사상을 비판하는가?

제자백가諸子百家의 출현은 분열의 시대에 각국의 국가운영의 요구에 부응한 결과이다. 정치적 쟁패만큼 사상적인 분파와 비판은 거세게 일어났다. 공자孔子는 법가法家를 비판하였고, 맹자孟子 역시 수많은 사상에 대해 부정과 비판을 보여주었다. 그 가운데 맹자의 '묵가 비판'은 특이한 측면이 있다. 대체로 묵가의 사상에 대해 실천적 가능성에 의구심을 나타낸다. 맹자는 차별을 부정하는 겸애에 대해 긍정하지만, 완전 긍정이 아니었다. 묵자의 주장은 극단적인 자기희생을 바탕으로 이루어진 것이므로 탁상공론에 가깝다고 치부하였다. 순자荀子는 묵자에 대해 실용주의적 사유에 빠져서 문화를 이해하지 못하는 이론이라 비판하였다. 차별 없는 사랑의 실천을 위해 고행의 삶을 선택한 묵자를 누구도 인정하지 않았다. 묵가를 신봉하는 집단은 거자鉅子를 중심으로 활동하였다. 그러나 진秦 통일 이후 중국역사에서 대다수의 사상은 명맥을 유지하였으나, 유독 묵가들은 종적을 감추게 되는데, 실천적 문제를 해결할 수 없었던 한계로 인하여, 사상으로서 명맥을 유지할 수 없었다. 그러나 송대 성리학자 장재張載에게 세계론 이념으로 부활하였고, 조선 홍대용洪大容의 사상 내면에 영향을 끼쳤다. 묵가사상은 시대사상의 이단이었지만, 혼탁한 세상을 벗어나는 지성적 돌파구로서 끊임없이 재해석되어 왔던 동양철학의 심연深淵과 같다.

원문읽기

1 聖人以治天下為事者也，

2 必知亂之所自起，焉能治之。

3 不知亂之所自起，則不能治。

4 天下之亂物，皆起不相愛。

5 天下之人皆不相愛，強必執弱，

6 富必侮貧，貴必敖賤，詐必欺愚。。

7 凡天下禍簒怨恨，其所以起者，

8 以不相愛生也，是以仁者非之。

9 若使天下兼相愛,

10 愛人若愛其身, 猶有不孝者乎?

11 視父兄與君若其身,

12 惡施不孝, 猶有不慈者乎?

13 國與國不相攻, 家與家不相亂,

14 盜賊無有, 君臣父子皆能孝慈,

15 若此則天下治。

16 故天下兼相愛則治, 交相惡則亂。

17 故子墨子曰; 不可以不勸愛人者, 此也。

어구풀이

1 聖人以治天下為事者也,

■ 聖人(성인): 거룩한 사람, 훌륭한 사람. ※ 원래 갑골문에는 귀가 큰 사람을 나타내는 '𦔻=耳+人'의 회의자로서 '마음의 소리까지 들을 수 있는 지혜로운 자'를 뜻하였고, 춘추전국시대의 금문 '聖=耳+口+壬'의 회의자로서 '전지전능한 예언자'를 의미하게 되었다.

■ 治(치): 통치하다, 잘 다스리다, 태평성세太平盛世하는 정치. ※ 원래 물레방아를 돌리는 모양을 본뜬 글자 '𤔔'로서, '논밭의 관개灌漑'를 뜻하였으나, 진대秦代 이후 치수治水하는 모양 '治=氵+台'의 회의자로 '수로를 열고 제방을 쌓아 홍수를 예방하는 일'을 의미하였다. 주로 동사(통제하다, 치료하다, 정리하다)로 활용된다.

■ 以(A)爲(B) : (A)를 (B)로 삼다

■ 事(사): 직업, 종사하다, 섬기다.

聖人	以治天下	爲事	者	也,
(주어)	(목적어)	(술어)	(후치사)	(종결어)

성인은 천하를 잘 다스리는 일에 종사하는 사람이니,

2 必知亂之所自起, 焉能治之。

■ 必(필): 반드시, 꼭. ※ 원래 금문에는 창의 손잡이를 여러 겹으로 만든 것을 본뜬 '必=八+弋(화살 익)'의 지사자로서, '무기를 잡은 손을 보호하다'는 뜻이었으나, 점차 '柲'(자루 비)자로 대체되었다. 동사(유일하게 할 수 있다, 선택하지 않을 수 없다)와 부사(반드시)로 활용된다.

■ 亂(란): 어지럽다, 반역하다, 다투다, 혼란混亂, 소란騷亂. ※ 원래 베틀에 뒤엉킨 실을 본뜬 '𤔔'의 회의자로서, 형용사(무질서하다), 동사(어지럽히다), 명사(전쟁, 난동), 부사(불규칙하게) 등으로 활용된다.

■ 所(소): ~하는 바(것) [전치사]

■ 起(기): 일어나다, 발생하다, 시작되다

■ 所自起(소자기): 발생된 바, 원인

■ 焉(언): 이에, 곧 [접속사] ※ 원래 황색의 봉황의 모습을 본뜬 글자였으나, 반문부사(어찌=安), 순접접속사(이에=乃, 곧=則), 발어사(무릇=夫, 凡), 어기사(비교=於, 단정=矣, 형용=然) 등으로 활용된다.

必	知	亂之 所自起,	焉	能 治	之 ?
(부사어)	(술어)	(목 적 어)	(접속어)	(술 어)	(목적어)

반드시 혼란의 원인을 알아야, 비로소 잘 다스릴 수 있다.

3 不知亂之所自起, 則不能治。

■ 則(즉): ~한다면 곧 ※ 원래 금문에는 법률조항이나 중요한 기록을 청동에 새겨서 오래 동안 보존하는 것을 본뜬 '[illegible]=鼎+刀'의 회의자였으나, 후에 '鍘(작도 찰)'로 교체되었다. 양보접속사(-한다면), 부사(곧장, 즉시), 명사(법규, 규범) 등으로 활용된다.

不知	亂之 所自起,	則	不 能 治 。
(주 어)	(목 적 어)	(접속어)	(술 어)

혼란의 원인을 알지 못하면, 잘 다스릴 수가 없다.

4 天下之亂物, 皆起不相愛。

■ 亂物(난물): 질서를 무너뜨리는 일 또는 사물, 문란紊亂

■ 皆(개): 모두, 두루

天下 之 亂物,	皆	起	不 相 愛 ?
(주 어)	(부사어)	(술어)	(목 적 어)

세상이 문란한 것은, 모두 서로 사랑하지 않기 때문이다.

5 天下之人皆不相愛, 强必執弱,

■ **强**(강): 강자强者, 힘센 자. ※ 무력에 의한 역학관계力學關係를 말한다.

■ **執**(집): 붙잡다, 억누르다. ※ 원래 갑골문에는 족쇄로 수갑을 채운 '' 모양으로 '범인을 체포하여 구금하다'는 뜻이었으나, 점차 '摯'(붙잡을지)로 교체되었고, 지금은 그 뜻이 확대된 동사(명령을 시행施行하다, 집행執行하다, 붙잡다, 달라붙다)로 활용된다.

■ **弱**(약): 약자弱者, 약한 자

天下之人	皆	不相愛,	强	必	執	弱。
(주 어)	(부사어)	(술 어)	(주어)	(부사어)	(술어)	(목적어)

세상 사람들이 서로 사랑하지 않으면, 반드시 강자는 약자를 억누르며,

6 富必侮貧, 貴必敖賤, 詐必欺愚。

■ **富**(부): 부자富者, 풍족한 자. ※ 물질에 의한 경제經濟관계를 말한다.

■ **侮**(모): 업신여기다, 깔보다, 멸시하다. ※ 원래 갑골문은 강제로 여성을 해치는 모양 '=女+人'의 회의자였으나, 금문에서는 '=亻+每'로 변형되어 '경솔하다, 무례하다'는 뜻을 나타내었다.

■ **貧**(빈): 빈민貧民, 가난한 자

■ **貴**(귀): 고귀高貴, 존귀尊貴한 자. ※ 직위에 의한 신분관계를 말한다.

■ **敖**(오): 놀러가다. ※ 傲(거만할 오)와 상통하며, '교만驕慢, 방자放恣, 거드름피우다'의 뜻을 포함한다.

■ **賤**(천): 천민賤民, 미천한 자

■ **詐**(사): 간사奸詐한 자, 거짓말쟁이 ※ 술수에 의한 심리관계를 말한다.

■ **欺**(기): 속이다, 기만欺瞞하다. ※ 원래 '其(그물망태)+欠(호흡)'의 결합으로 '물고기를 잡는 방식'에서 '속이다'는 뜻이 생겨났다.

■ **愚**(우): 어리석다, 우둔愚鈍하다

富 必 侮 貧, 貴 必 敖 賤, 詐 必 欺 愚 。

(주어) (부사) (술어) (목적어) (주어)(부사)(술어) (목적어) (주어) (부사) (술어) (목적어)

> 부자는 빈민을 멸시하며, 윗사람은 아랫사람에게 교만하며,
> 간사한 자는 어리석은 자를 속일 것이다.

7 凡天下禍簒怨恨, 其所以起者,

■ 禍(화): 재해災害, 재화災禍, 재난災難, 재앙災殃, 불행不幸, 근심. ※ 원래 갑골문 ‘’는 ‘하늘이 인간에게 벌을 내리다’는 동사의 뜻이며, 금문에서 ‘=示+咼’의 형성자이다. 고대에 점占을 칠 때 뼈를 이용하였는데, 뒷부분의 ‘咼’는 ‘骨’의 변형이다. 즉 옛날 여와女媧를 믿는 종족이 하늘의 벌을 받아 분열된 일을 의미한다. 지금은 명사(불행한 사건)로만 활용된다.

■ 簒(찬): 빼앗다, 탈취奪取하다, 찬탈簒奪하다. ※ 纂(찬) 모으다

■ 怨(원): 원망怨望하다, 한탄恨歎하다, 증오憎惡하다. ※ 원래 금문에서 ‘’의 회의자로서 ‘가혹한 요구에 대해 불만을 갖다’는 뜻이다.

■ 恨(한): 원한怨恨, 사무치는 분노憤怒의 마음. ※ 전문篆文의 ‘’의 형태로 ‘화가 나서 눈을 부릅뜨고 쳐다보다’는 뜻을 나타낸다.

■ 所以~者: ~하는 것(사람)

凡 天下 禍 簒 怨 恨, 其 所以 起 者 ,

(발어) (주어) (술어) (수식어) (전치) (주어) (후치)

> 무릇 세상의 재앙, 찬탈, 원망, 분노가 생겨나는 것은

8 以不相愛生也, 是以仁者非之。

■ 是以(시이): 이 때문에 [원인, 이유]

■ 仁者(인자): 어진 자, 평등平等과 박애博愛의 마음을 가진 자

■ 非(비): 비난非難하다, 비판批判하다, 배척排斥하다

以 不相愛 生 也, 是以 仁者 非之。
(부 사 구) (술어) (어기) (접속어) (주어) (술어)

서로 사랑하지 않아서 생겨나므로, 이 때문에 인자는 이것을 비난한다.

9 若使天下兼相愛,

■ 若使(약사): 만약~한다면, 만약~하게 된다면

■ 兼(겸): 더불어, 다함께 [부사] ※ 원래 금문에서 '두 줄기 벼를 거머쥔' 모양 '秝+又=兼'으로 '한꺼번에 잡다'는 뜻을 나타낸다.

若使 天下 兼 相愛,
(접속어) (주어) (부사어) (술 어)

만약 세상 사람들이 서로 더불어 사랑한다면,

10 愛人若愛其身, 猶有不孝者乎?

■ 若(약): ~하듯이, ~와 같이

■ 身(신): 나의 몸, 자기 자신, 신체身體. ※ 원래 갑골문에서는 임신한 여성을 본뜬 '身=女+o'의 상형자인데, 점차 '孕'(잉, 아이를 배다)로 교체되면서, 지금은 명사(신체, 사물의 중심 부분)로 활용된다.

■ 猶(유): 하물며, 오히려, 마치~과 같다

■ 孝(효): 효도孝道, 효성孝誠, 봉양奉養. ※ 원래 갑골문에서 아들 손자가 늙은 부모나 연장자를 부축하는 모양 '孝=老+子'의 회의자이다.

愛人 若 愛其身, 猶 有 不孝者 乎?
(주어) (부사어) (술 어) (접속어) (술어) (목 적 어) (종결어)

남을 내 몸과 같이 사랑한다면, 하물며 불효자가 있겠는가?

11 視父兄與君若其身,

■ 視(시): 보다, 살펴보다. ※ 원래 갑골문의 모양 '=示+目'에 '제사를 지내며 하늘의 계시나 징조를 살펴보다'는 뜻을 나타내고 있다. 금문에서 '目'부분이 '見'으로 바뀌면서 '자세히 살펴보다'라는 의미가 덧붙었다.

■ 與(여): ~와 함께, ~와 더불어 [접속사]

視 (술어) 父兄與君 (목적어) 若其身 (부사구) ?

부모형제와 임금을 내 몸과 같이 본다면,

12 惡施不孝, 猶有不慈者乎?

■ 惡(오): 어찌 [부사] ※ 원래 전문篆文을 보면 '=亞+心'의 형성자로서 '마음으로 수긍하지 못하고 반감을 갖다'는 뜻으로 사용되었다. 현재는 형용사(악; 나쁘다), 형용사(오; 미워하다, 지독하다, 더럽다), 명사(악; 나쁜 짓, 허물), 부사(오; 어찌, 두렵게, 잔혹하게) 등으로 활용된다.

■ 施(시): 행하다, 베풀다, 퍼지다. ※ 원래 전문篆文을 보면 '=㫃+它(뱀 사)'의 형성자로서 '깃발이 펄럭이는 모양'을 나타내었지만, 예서隸書를 보면 '它'가 '也'로 변하여 '施'로 굳어졌다. 현재는 원래 의미를 잃어버리고 동사(펼치다, 베풀다, 진행하다, 설치하다)의 뜻으로만 활용된다.

■ 慈(자): 사랑하다, 인자仁慈하다. ※ 원래 금문에서 '=絲+心'의 형성자로서 '유연한 실처럼 부드러운 마음'을 뜻한다. 즉 모든 사람에게 실수나 악행에 대해서도 이해하고 감싸주는 후덕한 마음 상태를 말한다.

惡 (부사어) 施 (술어) 不孝 (목적어), 猶 (접속어) 有 (술어) 不慈者 (목적어) 乎 (종결어) ?

어찌 불효를 저지르며, 하물며 사랑하지 않는 자가 있겠는가?

13 國與國不相攻, 家與家不相亂,

■ **攻**(공): 치다, 공격하다. ※ 원래 금문에서 '玫=工+攴'의 형성자로서 '무기와 사다리를 이용하여 성을 공략하다'는 뜻을 나타내고 있다. 현재에도 동일한 의미로 활용되며, 뜻을 확장하여 '정복하다, 통달하다'는 의미도 지닌다. 전공專攻

■ **家**(가): 가문家門, 집안. ※ 원래 갑골문에 '家=宀+豕'의 회의자로서 '집집마다 돼지를 기르는 모습'을 본뜬 회의자이다. 현재 한족漢族의 원류로 알려진 화하족華夏族은 집 밖에 돼지를 방축하므로, 집 내부에 방축하였던 동이족東夷族의 풍습에서 유래한 한자이다. 한대漢代 허신許愼조차 '豕'(돼지 시)를 '豭'(수퇘지 가)의 축약형으로 오인하여 형성자로 분류하였고, 아직까지도 중국문자학에서 '家'자를 '사람이 거주하는 집'의 뜻을 갖게 된 연유를 설명하지 않는다.

國與國	不相攻,	家與家	不相亂,
(주어1)	(술어1)	(주어2)	(술어2)

나라끼리 서로 공격하지 않고, 가문끼리 서로 다투지 않으며,

14 盜賊無有, 君臣父子皆能孝慈,

■ **盜賊**(도적): 도둑질하는 사람들

■ **無**(무): 없다, ~하지 마라, 허무虛無. ※ 원래 갑골문을 보면 '無=大+木+木+口'의 결합으로 회의자이며, '죽은 혼령을 위한 제사를 모시며 주술을 하는 사람의 모습'을 본뜬 글자이다. 본래의 의미는 상실되었고 '죽은 혼령, 존재하지 않는 것'의 뜻만 남아서 '없다'로 사용된다. '无'(무)는 대머리를 뜻하며, '兀'은 이마가 벗겨진 머리를 뜻한다.

盜賊	無	有,	君臣 父子	皆	能 孝慈,
(주어)	(술어)	(목적어)	(주 어)	(부사어)	(술 어)

도적이 생기지 않고, 군신과 부자 모두 효도하고 사랑할 수 있으며,

15 若此則天下治。

■ 若 (A) 則 (B) : 만약 (A)한다면 (B)하게 된다.

■ 此(차): 이것, 이런 것 ※ 여기서는 앞 문장 전체를 지칭한다.

若	此	則	天下	治	。
(접속어)	(목적어)	(접속어)	(주어)	(술어)	

만약 이렇게 되면, 세상은 잘 다스려질 것이다.

16 故天下兼相愛則治, 交相惡則亂。

■ 交(교): 서로 [부사] ※ 원래 갑골문에는 ''의 '다리를 꼬고 서 있는 모양'을 본뜬 상형자로서, 동사(서로 이어지다, 교차하다, 사귀다, 교제하다, 건네다)와 부사(서로서로, 교체하여)로 활용된다.

■ 惡(오): 싫어하다, 미워하다, 증오하다

故	天下	兼	相愛	則	治,	交	相惡	則	亂。
(접속어)	(주어)	(부사어)	(술어)	(접속어)	(술어)	(부사어)	(술어)	(접속어)	(술어)

그래서 세상에 더불어 사랑하면 평안하고, 서로 증오하면 어지러워진다.

17 不可以不勸愛人者, 此也。

■ 不可以不(불가이불)~: ~하지 않을 수 없다

■ 勸(권): 권하다, 권장勸奬하다, 장려奬勵하다, 독려督勵하다

不可以不勸	愛人者,	此	也。
(술어)	(목적어)	(주어)	(종결어)

남을 사랑하라고 권하지 않을 수 없는 것은 이 때문이다.

참고자료

【 묵자가 말하는 '사랑'의 본질과 개념 】

묵가사상이 출현한 시대는 천하패권의 치열한 투쟁으로 삶과 죽음의 실존에 인간은 무기력한 존재였다. 이 시기 묵자는 인간의 의식구조 중 차별의식에 집중하였고, 이로 인한 사회 혼란을 해명하고 극복하고자 하였다. 즉 군주君主는 자국自國의 이익에, 대신大臣은 가문家門이나 파벌派閥의 번영에, 일반 백성들은 사사로운 이해타산에 빠지기 쉬웠다. 따라서 이러한 개인주의적인 집착으로 인하여 사회 전체가 갈등과 분쟁을 야기하므로, 그 대안으로 차별 없는 사랑을 주장하였던 것이다. 그러나 묵자가 말하는 '사랑'이란 단순히 심리적인 것이 아니라, 실천적인 행동과 자기희생을 수반하는 덕목이었다. 그의 표현을 빌면 서로의 사랑을 포용하고, 서로의 이익을 나누는 것[兼相愛, 交相利]인데, 절대적이고 숭고한 사랑이 아니라 상호의존적이며 현실적인 희생과 실천을 강조한 것이다.

남을 사랑할 줄 모르는 유가적 편애偏愛로 인하여 사회가 더욱 혼란해지고 전란이 발생한다고 보았다. 따라서 자아와 타인을 구별하는 별사別士들에 의해 사회적 갈등의 근본 원인이라고 배척하였다. 겸애를 사회의 질서가 유지되는 도덕적 규범으로 파악하였다. 이러한 이념적인 주장은 유가사상에서 부자父子와 형제兄弟의 종법적宗法的 윤리관倫理觀을 바탕으로 사람에 따라서 애정의 등차가 있음을 인정하는 것과 상반된다. 유가에서는 예법禮法에 의해 사회질서를 추구하였고, 애정의 등차를 확대시켜 사회와 국가로 이어지는 교화적敎化的 태도를 취한다. 그러나 묵자墨子가 말하는 겸애가 실현된 사회는, 공자孔子가 이상적인 사회형태라고 보았던 대동주의大同主義가 추구하는 사회와 궁극적으로 동일한 것이다. 다만 이들이 이상적인 사회를 추구함에 있어서 그 방법론의 차이가 존재하지만, 인간과 사회의 평화적 질서라는 측면에서 동일한 목표를 지니고 있다. 그리고 묵자는 혈연관계에 의한 폐쇄된 사회를 거부하였으며, 누구나 사랑의 대상이 되어야 하고 누구나 사랑의 실천자가 되기를 요구했다. 그는 인간의 이기적인 집착과 대립을 배척했으며, 혈연을 초월한 가장 보편적인 인류애를 주장하였다. 이러한 묵자의 겸애설은 전통적인 유가학설의 바탕을 이루어 온 종법제도宗法制度를 부정함으로써, 맹자孟子를 비롯한 유가들로부터 위험한 이단사상이라 비난을 받았다. 그러나 겸애설은 인류의 번영을 위해 박애주의나 평화주의보다도 더욱 적극적인 절제력을 강조하였다. 더욱이 유가사상에서 발견되는 예법과 형식을 통한 점진적인 사랑으로서의 인仁보다도, 실천적이며 현실적인 자기혁신을 요청하였고, 또한 인류에게 차별 없는 사랑의 필요성을 교훈으로 남겼다.

【 묵자가 말하는 인간관계의 일곱 가지 기술 】

첫째, 지혜로운 사람은 때와 장소, 사람을 가릴 줄 안다. -영리한 사람과 영리한 척하는 사람은 다르다. 영리한 사람은 자신의 영리함을 깊숙이 묻어두고 필요할 때만 사용하는 반면, 영리한 척하는 사람은 다른 사람을 모함하는 것을 재주로 여기고 시시때때로 사용하다가 자신이 판 함정에 스스로 빠지곤 한다. 사실 영리함은 재산이다. 중요한 것은 이 재산을 어디에, 어떻게 이용할 것인가의 문제다. 잔재주를 부리다가는 화를 부르기 십상이다. 묵자는 지혜로운 사람은 훌륭한 재산인 영리함을 때와 장소, 사람을 가릴 줄 아는 사람이라고 말한다.

둘째, 아첨하는 사람을 곁에 두지 않는다. -사람들은 가정이나 사회에서 다른 사람의 노여움을 사지 않으려고 한다. 그 때문에 대부분 좋은 말로 남의 기분을 맞춰주려고 하며, 듣기 싫은 말을 해서 남에게 미움을 사는 것을 꺼려한다. 물론 좋은 말을 하는 것이 나쁜 일은 아니다. 다만 문제는 친구 입장에서 듣기 좋은 말만 한다면 친구의 의무를 다하지 않는 것이다. 즉 결점이 있는 줄 뻔히 알면서도 입을 다문다면 진정한 친구라고 할 수 없다는 것이다. 만일 당신의 결점을 칭찬하는 사람이 있다면 그것은 다른 속셈이 있어서일 것이다. 묵자는 평소에 진정한 마음으로 당신을 책망하고 꾸짖는 사람이 있다면 그가 바로 인생의 스승이자 진정한 친구라고 말한다.

셋째, 겸허한 태도로 마음을 연다. -묵자는 자만하지 말고 겸허하며 다른 사람의 비평을 기꺼이 받아들이고 자기 잘못을 바로잡아서 넓은 마음으로 타인의 장점을 흡수해야만 자신의 장점을 더욱 향상시킬 수 있다고 말한다. 사실 이것은 말은 쉬워도 실천에 옮기기는 어려운 덕목이다. 그러나 묵자는 "양자강과 황하는 작은 물줄기를 마다하지 않아 큰 강을 이루었다"는 말로 겸허한 태도를 가지라는 깨우침을 주고 있다. 오만해서는 안 되며, 겸손이야말로 삶에서 가장 성실한 태도다. 세상은 크고 넓어서 온갖 기이한 일들이 많이 일어난다. 그 속에서 개인은 아무리 힘이 세고 영리하다 해도 우주 속의 한 점 먼지일 뿐이다. 뛰는 사람 위에 나는 사람이 있다고, 자기보다 뛰어난 사람은 언제나 존재하게 마련이다.

넷째, 상대방의 자존심을 짓밟는 의미 없는 논쟁은 하지 않는다. -논쟁이 시작되면 쌍방은 원래보다 자기 관점을 더 고집하기 십상이다. 사실 논쟁은 아무런 의미도 없다. 논쟁에서 졌다면 할 말이 없다. 한편 상대방을 철저히 눌러 이겼다 한들 무슨 소용이 있으랴? 일시적으로 승리를 거둘 뿐 그 쾌감은 오래 가지 못한다. 뿐만 아니라 논쟁에서의 승리는 상대방의 자존심을 짓밟은 대가로 얻은 것이다. 남의 체면을 깎아 얻은 승리 때문에 상대로부터 원한을 사서 화를 당할지도 모르는 일이다. 상대방과 논쟁할 때는 두 가지 결과를 생각해 보아야 한다. 하나는 의미 없는 표면적 승리이고 또 하나는 상대방의 호감이다. 이 두 가지는 한꺼번에 얻을 수 없다. 그렇다면 우리가 진정으로 원하는 것이 무엇인지 곰곰이 생각해 보아야 한다.

다섯째, 나를 비워야 타인을 담을 수 있다. -교만은 사람의 몸을 감싸는 악취처럼 조언을 건네는 친구를 쫓아버린다. 다른 사람의 의견이 나와 다르다고 잘난 척하지 말고 스스로를 돌아보아야 한다. 그래야 마음을 비우고 더 성숙해질 수 있다. 비워야 다른 사람을 담을 수 있고, 교만하면 자기 외에는 아무도 담을 수 없다. 생활 속에서 우리는 늘 무의식적으로 물이 가득찬 컵으로 변해버린다. 그러나 자만을 내려놓고 마음을 비운 채 다른 사람을 따라 배운다면 우리가 모르는 많은 것들을 발견하게 될 것이다. 겸손에는 두 가지가 있다. 지위가 낮거나 능력이 부족할 때 겸손한 것은 대단한 일이 아니다. 사업에서 성과를 얻고 다른 사람에게 칭찬을 받을 때 겸손한 것이야말로 사람들의 존경을 받는 진정한 겸손이다.

여섯째, 소인에게 맞서는 기술과 피하는 기술이 필요하다. -묵자는 사람을 크게 군자와 소인 두 가지로 나누었다. 군자는 공명정대하지만 소인은 항상 다른 사람을 놓고 계산만 한다. 늘 주변의 크고 작은 이익을 살펴 수시로 공짜로 얻으려는 마음이 강한 소인은 심지어 다른 사람을 막무가내로 음해하기도 하는데, 그 기세를 도무지 막을 길이 없을 정도다. 그러므로 소인과 교제할 때는 신중해야 하며, 건드리기보다는 피하는 편이 낫다. 군자의 미움을 살지언정 소인의 미움은 사지 말라고 했다. 소인은 평생의 삶을 방해하고도 남기 때문이다. 따라서 소인을 절대 얕보아서는 안 된다. 묵자는 "군자는 소인과 친구는 되지 않더라도 소인을 대처하고 피할 줄 알아야 한다."고 말한다.

일곱째, 자신의 재능을 지나치게 드러내지 않는다. -지혜로운 사람은 사람들에게 빛을 감추고 우둔함을 보여준다. 빛을 감추고 우둔함을 드러내는 것은 자신의 지능이 낮음을 보여주는 것이 아니라 자신을 보호하고 화를 일으키지 않으며 재능을 더 잘 발휘하기 위한 것이다. 비범함과 특별함을 추구하는 것은 적극적인 인생태도다. 하지만 혼자만 자랑하고 주위환경을 무시하면 타인과 어울리지 못하고 혐오감을 불러일으킬 수 있다. 예부터 "사람의 재능은 밖으로 드러내면 안 되고 감추라"고 했다. 이 도리를 알아야 소인의 질투를 받지 않고 하는 일을 순조롭게 전개해 나갈 수 있다. (출처-http;//bonlivre.tistory.com/545에서 재인용)

연습문제

(가) 聖人(　　)㉠<u>治</u>天下(　　)㉡<u>事</u>者也。
(나) 富必㉢<u>侮</u>貧，貴必敖賤，詐必㉣<u>欺</u>愚。
(다) 以不相愛㉤<u>生</u>也，㉥<u>是以仁者非之</u>。

1. 예문(가)에서 밑줄 친 ㉠<u>治</u>의 뜻으로 가장 바른 것은?

   ① 정책을 마련하다　② 인재를 선발하다
   ③ 질서를 바로잡다　④ 정치를 개혁하다

2. 예문(가)에서 밑줄 친 ㉡<u>事</u>와 같은 의미를 나타낸 한자어는?

   ① 好事　② 從事　③ 事大　④ 事業

3. 예문(가)의 괄호(　)에 들어갈 'A를 B로 삼다'는 뜻의 한자어는?

   ① 有 ~ 者　② 爲 ~ 所
   ③ 所 ~ 者　④ 以 ~ 爲

4. 예문(나)에서 밑줄 친 ㉢<u>侮</u>의 뜻풀이로 가장 바른 것은?

   ① 얕잡아보다　② 불쌍히 여기다
   ③ 우러러보다　④ 어여삐 여기다

5. 예문(나)에서 밑줄 친 ㉣<u>欺</u>의 뜻풀이로 가장 바른 것은?

   ① 헛걸음치다　② 속임수를 쓰다
   ③ 비웃음사다　④ 약속을 어기다

6. 예문㈐의 밑줄 친 ⓜ生의 뜻으로 활용된 한자어는?

① 기생奇生하다 ② 탄생誕生하다

③ 생존生存하다 ④ 생성生成되다

7. 예문㈐의 밑줄 친 문장을 가장 바르게 풀이한 것은?

① 이 때문에 인자는 이것을 비난한다.

② 이리하여 인자를 신뢰하지 못하게 되었다.

③ 이렇게 하여 인자에게 예의를 지키지 않는다.

④ 이런 생각으로 말미암아 인자를 비판하게 되었다.

㈑ 愛人若愛其ⓢ身, ⓞ猶有不孝者乎?
㈒ 故天下兼相愛則治, (서로 미워하면 혼란하게 된다)。

8. 예문㈑에서 밑줄 친 ⓢ身의 뜻풀이로 가장 바른 것은?

① 신체 단련 ② 자기 방어

③ 자기 자신 ④ 나와 그대

9. 예문㈒의 밑줄 친 ⓞ猶有不孝者乎의 풀이 순서로 가장 바른 것은?

① 孝-不-者-猶-有-乎 ② 猶-孝-不-者-有-乎

③ 不-孝-者-有-猶-乎 ④ 猶-不-孝-者-有-乎

10. 예문㈒의 괄호( )를 〈보기〉의 한자를 이용하여 작문하시오.

〈보기〉 相, 亂, 交, 惡, 則

한자어쓰기

政	治	政	治				
다스리다【정】	다스리다【치】						

從	事	從	事				
따르다【종】	일【사】						

起	因	起	因				
일어나다【기】	원인【인】						

不	知	不	知				
아니다【부】	알다【지】						

混	亂	混	亂				
썩다【혼】	어지럽다【난】						

兼	愛	兼	愛				
겸하다【겸】	사랑【애】						

强	弱	强	弱				
굳세다【강】	약하다【약】						

한자어쓰기

貧	富	貧	富				
가난하다【빈】	부유하다【부】						

貴	賤	貴	賤				
귀하다【귀】	천하다【천】						

詐	欺	詐	欺				
간사하다【사】	속이다【기】						

愚	鈍	愚	鈍				
어리석다【우】	무디다【둔】						

怨	恨	怨	恨				
원망하다【원】	한맺다【한】						

不	孝	不	孝				
아니다【불】	효도【효】						

仁	慈	仁	慈				
어질다【인】	사랑【자】						

원 문 해 석

성인聖人은 천하를 잘 다스리는 일에 종사하는 사람이니, 반드시 혼란의 원인을 알아야, 비로소 잘 다스릴 수 있다. 혼란의 원인을 알지 못한다면, 잘 다스릴 수가 없다. 세상이 문란한 것은, 모두 서로 사랑하지 않기 때문이다. 세상 사람들이 서로 사랑하지 않으면, 반드시 강자는 약자를 억누르며, 부자는 빈민을 멸시하며, 윗사람은 아랫사람에게 교만하며, 간사한 자는 어리석은 자를 속일 것이다. 무릇 세상의 재앙, 찬탈, 원망, 분노가 생겨나는 것은 서로 사랑하지 않아서 생겨나므로, 이 때문에 인자는 이것을 비난한다.

만약 세상 사람들이 서로 더불어 사랑한다면, 남을 내 몸과 같이 사랑하게 된다면, 하물며 불효자가 있겠는가? 부모형제와 임금을 내 몸과 같이 본다면, 어찌 불효를 저지르며, 하물며 사랑하지 않는 자가 있겠는가? 나라끼리 서로 공격하지 않고, 가문끼리 서로 다투지 않으며, 도적이 생기지 않고, 군신과 부자 모두 효도하고 사랑할 수 있으며, 만약 이렇게 되면, 세상은 잘 다스려질 것이다. 그래서 세상에 더불어 사랑하면 평안하고, 서로 증오하면 어지러워진다. 남을 사랑하라고 권하지 않을 수 없는 것은 바로 이 때문이다.

연습문제답안

1.③ 2.② 3.④ 4.① 5.② 6.④ 7.① 8.③ 9.②
10. 交相惡則亂.

오묘한 유심론

마음의 소리를 듣다

오묘한 유심론

마음의 소리를 듣다

□ 莊子•外篇第十三, 莊周 □

출전해설

이 우언寓言은 장자莊子가 정신적 교감을 중시하였던 유심론唯心論을 잘 빈영하고 있다. 특히 말과 문징이런 진리[道]를 체득히기에 온전한 수단이 될 수 없으며, 윤편輪扁의 비법秘法처럼 몸과 마음의 조화를 통해 구현된다고 보았다. 그러나 장자의 이러한 주장은 결코 정신적 해탈만을 주장한 것이 아니라, 한편으로는 완전한 말과 문장이란 얼마나 어려운 것인가를 역설적으로 표현한 것이다.

인터넷의 정보가 아무리 많아도 참다운 지식을 깨닫지 못하는 것은 글로 된 것에 머물기 때문이며, 몸소 실천하고 체득한 것과는 근원적으로 차이가 있기 마련이다. 장자는 '道行之而成'(진리란 실천하면서 이루어진다)이라는 표현을 하였다. 우리가 추구하는 모든 가치는 미리 만들어져 있는 것에 있는 것이 아니라, 새롭게 체험하면서 만들어갈 때 만족의 단계에 이르러 행복을 말할 수 있다. 자아와 타자의 경계를 허물고 마음을 비워보라. 거기에는 또 다른 세상으로 가는 첫 걸음이 될 것이다. 그 다음은 모든 선입견을 버리고 들려오는 모든 소리를 들으며 자신을 되돌아보라. 스스로 영혼의 소리를 듣고 깨달음의 경지로 들어서게 된다. 본문에서 윤편이 말하는 '應於心'은 스스로 체득한 단계에 이르렀음을 말한다. 마음을 다스리는 자가 될 수 있다면 진정으로 장자의 세계를 이해한다고 말할 수 있다.

【정리-1】《장자莊子》는 어떤 책인가?

전국시대戰國時代에 《노자》와 더불어 세상의 이치에 대해 상대적 가치관을 제창하며, 초월적 세계관을 심화시킨 철학서이다. 이 책은 장주莊周(기원전 365?년~기원전 290?년)의 저서로서 원래는 52편이었다고 알려져 있으나, 현행본은 33편이며, 내편內篇 7편, 외편外篇 15편, 잡편雜篇 11편이다. 이중 내편은 장주莊周가 직접 자기의 견해를 밝힌 부분이고, 외편과 잡편은 그의 문하생들에 의해 저술되었는데, 내편의 논지에 부합되는 내용들을 수록하고 있다. 특히 《장자》는 《노자》에서 논의한 사상내용과 상통하는 바가 많으며, 부분적으로 상호 절충하는 유사점도 발견할 수 있다. 대략 전국시대 말기(기원전 3세기말경)에 완성한 것으로 추정되며, 이후 진대晋代 이전까지 원문原文들이 상당히 훼손되었으리라 추정하고 있다. 당시 혼란한 사회구조와 사상적 논쟁이 극심한 시대적 상황으로 말미암아, 장주는 노담과 더불어 무위자연無爲自然의 허무주의적 인식론認識論에 동의하고 있으며, 제한된 지식과 학식에 구속받는 속세를 초탈하려고 노력하였고, 인간과 우주의 조화에 명합冥合하는 절대적 세계에서 소요자적逍遙自適할 것을 주장하였다.

【정리-2】장자는 후세에 어떤 평가를 받는가?

장자의 사상은 노장사상老莊思想의 일부로서 위진魏晋 이후 사상계의 주목을 받았다. 현실과 형식의 초탈이라는 종교적 신앙으로 발전된 측면이 있으며, 신선사상과 결합되면서 내면적 수행을 강조하였다. 한편 현실적인 효과를 추구하여 처세술이나 정치적 방법론에 영향을 남겼다 본성本性에 상반되는 자연성自然性으로부터 인간의 자유와 평화에 귀의하려고 하였다. 한대漢代 《회남자淮南子》에 사상적 절충을 보이며 위진남북조시대에 청담사상淸談思想의 흥성에 지대한 영향을 끼쳤다. 그 당시 지성인들의 정신적 지주로서 초속적超俗的인 세계관의 근거를 제공하였다. 한편 도교道敎에서는 노자를 '태상노군太上老君'이라 신격화하였고, 점차 장자莊子의 지위도 신격화되면서 신비주의적 세계관으로 나타났다. 양梁나라 때 도홍경陶弘景은 장자를 '진령眞靈'이라 불렀으며 제3위第三位의 지위로 부각되었으며, 당나라 현종玄宗은 '남화진인南華眞人'이라 존칭하였다. 청대淸代 김성탄金聖嘆은 천하의 지성인이 읽어야 할 첫 번째 책으로 《장자》를 꼽았다.

원문읽기

1 桓公讀書於堂上。

2 輪扁斲輪於堂下，釋椎，鑿而上。

3 問桓公曰；敢問公之所讀書何言邪？

4 公曰；聖人之言也。

5 曰；聖人在乎？

6 公曰；已死矣。

7 曰；然則君之所讀者，古人之糟魄已夫?

8 桓公曰；寡人讀書，輪人安得議乎?

9 有說則可，無說則死！

10 輪扁曰；臣也，以臣之事觀之，斲輪，

11 徐則甘而不固，疾則苦而不入。

12 不徐不疾，得之於手，

13 而應於心，口不能言，有數存焉於其間。

14 臣不能以喩臣之子，臣之子亦不能受之於臣。

15 是以行年七十而老斲輪。

16 古之人與其不家傳也，死矣。

17 然則，君之所讀者，古人之糟魄已夫？

어구풀이

1 桓公讀書於堂上。

■ 桓公(환공): 춘추시대春秋時代 제齊나라의 제후. 춘추오패春秋五霸 중 가장 강력한 제후였으며 최고의 영향력을 발휘하였다. 성은 강姜이며 이름이 소백小白이다. 재위기간은 기원전 685년에서 기원전 643년까지 43년간 장기 집권하였다. 제 양공襄公의 동생으로서 양공의 잔혹한 폭정과 음란한 태도로 인하여, 양공 생전에 거莒땅에서 피신하였다. 양공이 피살된 후 제齊나라로 복귀하여 즉위하였다. 관중管仲을 재상으로 등용시켜 많은 악습을 철폐하였으며, 부국강병의 개혁을 단행하였다. 그는 송宋·진陳·채蔡 등과 연합하여 노魯나라와 정鄭나라를 차례로 제압하였고, 기원전 681년과 기원전 679년에 북행北杏(지금의 산동성 동아東阿)과 견鄄(지금의 산동성 견성鄄城)에서 제후들과 동맹하며 패자覇者로 부상하였다. 당시 주변 소수민족의 도발이 끊이지 않자, 직접 대군을 이끌고 연燕나라의 북쪽 오랑캐를 무찔렀고, 형邢과 위衛에 구원병을 파견하여 승리를 거두었다. 그리고 초楚나라가 중원으로 세력을 확장하려고 하자, 제후들과 연합하여 초楚나라를 공격하였고, 소릉召陵(지금의 하남성 언성郾城)에서 초나라와 화친을 맺었다. 기원전 651년 규구葵丘(지금의 하남성 난고蘭考)에서 제후들의 대 집회를 열어 평화회담을 주도하였고, 주周 왕실王室에 대표자격으로 파견되며 최고의 전성시대를 누렸다.

■ 讀(독): 읽다, 낭송朗誦하다, 읊조리다. ※ 원래 전문篆文에서 비롯된 글자로서 '讀=言+牘(편지 독)'의 형성자이며, '서적이나 문서에 적힌 글을 소리 내어 읽다'는 뜻을 나타내었다. 한문을 읽을 때 끊어 읽게 되는데, 각 문장 사이를 조절하는 것을 '句'(구)라고 하였고, 문장 속의 각 어휘를 조절하여 읽는 것을 '讀'(두)라고 불렀다. 그 표시는 부호로 표시하는 것을 '點'(점)이라 하고 글자의 옆에 표시하기 때문에 '傍點'(방점)이라고 하였다. 이것을 총칭하여 '句讀點'(구두점)이라 불렀다.

■ 於(어): ~에, ~에서 [처소격 전치사]

■ 堂(당): 거실, 대청大廳. ※ 원래 금문에서 '堂=尙+土'의 형성자이며, '궁궐 내부에서 의식행사를 거행하는 장소'를 뜻한다. '당堂'은 왕실의 구조로 보면 군주가 평소 생활하는 공간이며, 현대식 거실에 해당한다. 일반적으로 집무를 보는 '조정朝廷' 앞에 있으며, 그 전방의 동서東西로 계단을 축조하여 마당과 구별하였다. 원문에서 '堂上'은 바로 이 계단 위

의 넓은 공간을 의미한다.

桓公 讀 書 於 堂上。
(주어) (술어) (목적어) (부사어)

환공은 당상에서 책을 읽었다.

2 輪扁斲輪於堂下，釋椎、鑿而上。

■ **輪扁**(윤편): 수레바퀴를 전문적으로 만드는 편扁이라는 사람. ※ 여기에서 '輪'은 직업명이며, '扁'은 그 직업을 가진 사람의 이름이다.

■ **斲**(착): 깎다, 베다, 깎아내다. ※ 원래 소전小篆에서 '=豆+斤'의 모양으로 '굽이 달린 제기처럼 세워서 도구로 깎아내다'는 뜻이다. 현재는 '斫'(벨 작)와 상통한다.

■ **堂下**(당하): 당상 아래, 즉 환공이 독서하는 당상 아래

■ **釋**(석): 놓다, 풀다, 내려놓다. ※ 원래 금문에 '=釆(나눌 변)+睪(엿볼 역)'의 형성자로서 '나누어서 살펴보다'는 뜻을 나타내었다.

■ **椎**(추): 나무 방망이, 몽치, 때리다, 내려치다. ※ 원래 갑골문에 '=木+隹'의 형성자로서 '새의 부리처럼 생긴 나무망치'를 본뜬 글자이다. 여기서도 목수들이 사용하는 몽치를 지칭한다.

■ **鑿**(착): 끌, 파다, 나무에 구멍을 내는 도구 ※ 원래 갑골문에서 '=丁+攴'의 회의자로서 '못을 치다'는 뜻을 나타내었으나, 금문에서 '=金+丁+臼'의 회의자로 변형되면서 '주형틀에 금속의 도구로 새기다'의 뜻으로 변하였다. 현재의 모양은 진秦 이후 문자가 통일되면서 예전의 모양을 합쳐 '鑿'의 글자로 사용되었다.

輪扁 斲 輪 於堂下， 釋 椎、鑿 而 上。
(주어) (술어) (목적어) (부사어) (술어) (목적어) (접속어) (술어)

윤편은 당상 아래에서 수레를 깎다가, 몽치와 끌을 내려놓고 올라왔다.

3 問桓公曰; 敢問公之所讀書何言邪?

■ **敢**(감): 감히, 함부로, 과감하게 ※ 원래 갑골문에 ''의 모양으로 '갈퀴를 손에 들고 야수를 공격하다'는 뜻을 나타내었고, 현재는 형용사(용감하게, 결단성 있게), 동사(과감하다)로 활용된다.

■ **何**(하): 무엇, 얼마나, 어떻게 [의문부사] ※ 원래 갑골문에서는 ''의 모양으로 '어깨에 무기를 메고 지나가는 사람에게 캐묻다'는 뜻을 나타내었고, 금문에서는 '=亻+可'의 형성자로 무기의 모양을 뺀 모양으로 '어께에 짊어지다'는 뜻만 남게 되었다.

■ **言**(언): 말하다, 언급된다. ※ 원래 갑골문에 ''의 모양으로 '혀를 내밀다, 말을 뱉다'는 뜻을 나타낸 지사자이다. 이에 비해 '語'자는 '=言+五+口'의 모양으로 '몇 마디 하다'라는 뜻을 나타내는 형성자이다. '言語'(언어)는 '言(질문하다)+語(대답하다)'의 합성어이다.

■ **邪**(사): ~입니까 [의문종결사]

問 桓公 曰; 敢 問 公之所讀書 何 言 邪?
(술어) (목적어) (술어) (부사) (술어) (목 적 어1) (목적어2) (종결어)

환공에게 물었다. 감히 왕께서 읽고 있는 책에는 무슨 말씀이 있습니까?

4 公曰; 聖人之言也。

■ **公**(공): 제齊 환공桓公. ※ 춘추시대의 각 제후국은 주周 왕실로부터 작위爵位를 부여받았는데, 公(공작), 候(후작), 伯(백작), 子(자작), 男(남작) 등의 서열이 정해졌다. 이러한 제후국의 군주 서열은 주왕周王에 대한 충성도와 신뢰도에 의해 결정되었다.

■ **聖人**(성인): 성현聖賢, 선왕先王, 지혜로운 자

公 曰; 聖人之言 也。
(주어) (술어) (주어)=술어 (종결어)

환공이 대답하였다. 성현의 말씀이다.

5 曰; 聖人在乎?

■ 在(재): 존재하다, 살아있다 ※ 원래 갑골문에서 '⊬'의 모양으로 '대들보'를 뜻하는 상형자이고, 금문에서 '𡉈'의 모양으로 '땅에 집을 지어 정착하다'는 뜻을 나타내는 회의자였다. 소전小篆에서는 '𡉈=才+土'의 형태로 바뀌면서 형성자가 되었으며, 예서隸書에서 지금의 글자 '在'가 되었다.

■ 乎(호): ~입니까? [의문종결사]

曰;	聖人	在	乎 ?
(술어)	(주어)	(술어)	(종결어)

성인께서 아직 살아 계십니까?

6 公曰: 已死矣。

■ 已(이): 이미, 벌써. ※ 원래 갑골문에서 '𢀖'의 모양으로 '태아의 머리 위치가 뒤집혀 나올 때가 되다'는 뜻을 나타내는 상형자로서 '시간이 흘러 지나갔다'는 의미로 '了'와 상통하였다.

■ 死(사): 죽다. ※ 죽음을 표현하는 한자어로는 별세別世, 운명殞命, 작고作故, 서거逝去, 사망死亡, 붕어崩御(임금), 훙薨(제후), 졸卒(대부) ※ 원래 갑골문의 형태에는 두 가지가 있는데, '𣦵'는 '무릎 꿇고 시체를 보며 눈물 흘리는' 모양이며 '𣦵'은 '눈물 없이 시체를 보는' 모양이다.

■ 矣(의): 마치다, ~하였다. ※ 원래 갑골문에서 '矣'의 모양으로 '화살이 시위를 떠났다'는 뜻을 표시하였다. 현재는 본래 의미를 잃어버리고 완료종결사(~하였다), 한정종결사(~할 뿐이다, ~할 만하다)로 활용된다.

公	曰;	已	死	矣 。
(목적어)	(주어)	(부사)	(술어)	

환공이 말하였다. 이미 돌아가셨다.

7 然則君之所讀者，古人之糟魄已夫？

■ 然則(연즉): 그러하다면, 그렇다면 ※ 원래 '然'의 갑골문은 '=肉+火+犬'의 회의자로서 '사냥한 짐승을 굽다'는 뜻을 나타내었지만, 춘추시대에 이르러 '燃'(굽다, 불태우다)로 교체되었다. 본래 뜻을 잃어버리고 형용사(합리적이다, 정확하다), 명사(모습), 대명사(이것, 이렇게), 접속사(그런데) 등으로 활용된다.

■ 者(자): ~하는 것(사람). ※ 원래 갑골문은 '=木+火+八'의 회의자로서 '불타는 장작의 불꽃'을 나타내었으나, 금문에 이르러 '=木+八+口'의 회의자로서 '불타는 장작에 여럿이 모여 이야기를 나누다'는 뜻을 가미하였다. 나중에 본뜻을 잃으면서, '불태우다'를 강조하여 '煮'(삶을 자)로 교체되었고, '모여서 이야기하다'를 강조하여 '諸'(모두 제)로 교체되었다. 현재는 명사격후치사(~하는 것), 대명사(사람, 사물)로 활용된다.

■ 糟魄(조백): 지게미. ※ 糟粕(조박)은 쓸모없는 찌꺼기, 가치 없는 것

■ 已(이): ~뿐이다, ~할 따름이다 [한정종결사]

■ 夫(부): ~이 아니겠는가? [반어종결사]

然則	君之 所讀者，	古人之糟魄	已	夫？
(접속어)	(주 어)	(술 어)	(종결어)	(종결어)

그렇다면 왕께서 읽으신 것은 옛사람이 남긴 찌꺼기가 아니겠습니까?

8 寡人讀書，輪人安得議乎？

■ 寡人(과인): 과인, 1인칭 겸칭 ※ 寡(적을 과)는 임금이 자신을 낮추어 부르는 호칭이다.

■ 安得(안득): 어찌~할 수 있겠는가? ※ 문장 끝에 '乎'를 붙여서 호응관계를 이룬다.

■ 議(의): 의논하다, 논의하다 ※ 원래 금문에서 '=言+義'의 결합으로 회의자로서 '시비나 도리를 따지다'는 뜻을 나타내었다. 여기서 환공은 지

위가 미천한 윤편에게 '무슨 시비를 따지는 것이냐'고 되묻는 표현이다.

寡人	讀	書,	輪人	安得	議	乎?
(주어)	(술어)	(목적어)	(주어)	(부사어)	(술어)	(종결어)

과인이 책을 읽는데, 수레공이 어찌 따질 수 있단 말이요?

9 有說則可, 無說則死!

- **說**(설): 해명, 견해. ※ 원래 갑골문에는 '兌'의 모양으로 '하늘을 향하여 기도하다'는 뜻을 나타내었는데, 금문에 이르러 본뜻을 잃어버리고 '說=言+兌(빛날 태)'의 회의자로서 '해명하다'는 뜻을 갖게 되었다. 현재는 동사(설; 해석하다, 설명하다), 동사(세; 달래다, 설득하다), 형용사(열; 기쁘다), 명사(설; 관점, 사상)으로 활용된다.
- (A)**則**(a), (B)**則**(b) : (A)하면 (a)하고, (B)하면 (b)하다
- **可**(가): 허락하다, 좋다. ※ 여기서는 '용서하다'는 뜻이다.

有	說	則	可,	無	說	則	死!
(술어)	(목적어)	(접속어)	(술어)	(술어)	(목적어)	(접속어)	(술어)

이유를 말하면 살려줄 것이고, 말하지 못하면 죽일 것이다!

10 臣也, 以臣之事觀之, 斲輪,

- **臣**(신): 신하, 왕에 대한 1인칭 겸칭, 즉 윤편 자신을 말한다.
- **也**(야): ~야말로, ~는 [주격후치사] ※ 원래 갑골문에는 '它'으로 뱀의 모양을 본뜬 상형자였고, 금문에서는 '也'으로 '뱀의 혀'를 강조하여 '탐욕스럽다'는 뜻을 나타내었다. 고대에는 '它', '虫'과 상통하였으나, 예서隸書 이후 현재는 본뜻을 상실하고 부사(마찬가지, 나란히), 종결사(이다, 입니까), 주격 후치사(~야말로) 등으로 활용된다.
- **事**(사): 직업職業, 본업本業, 종사從事

■ 觀(관): 살펴보다, 구경하다, 관점觀點, 시야視野, 초점焦點

臣也,	以 臣之事	觀 之,	斲	輪 ,
(주어)	(목적어)	(술 어)	(술어)	(목적어)

> 저에게 있어서, 저의 직업으로써 보면, 수레를 만드는데,

11 徐則甘而不固，疾則苦而不入。

■ 徐(서): 느리다, 천천히 하다, 꾸물대다. ※ 원래 소전小篆을 보면 ''의 형태로 '이곳저곳 허술한 곳을 다니다'는 뜻이며, 이후 형용사(느긋하다, 침착하다), 부사(천천히, 차분히)로 활용된다.

■ 甘(감): 느슨하다, 헐렁하다. ※ 갑골문을 보면 ''의 모양으로 '혀로 맛보다'는 뜻을 나타내는 지사자로서 '甛'의 본자本字이다. 주로 형용사(달콤하다)로 활용된다.

■ 固(고): 단단하다, 딱딱하다. 고정固定, 고체固體, 완고頑固 ※ 원래 금문에서 ''의 모양으로 '방패를 꼭 묶다'는 뜻을 나타낸 지사자였으나, 후에 '口+古'의 형성자로 바뀌면서 본뜻을 상실하였다.

■ 疾(질): 빠르다, 서둘러다. ※ 원래 갑골문에는 '=大+矢(화살 시)'의 모양으로 '화살을 맞은 사람'을 나타낸 지사자였으나, 금문에서는 '=疒+矢'의 모양으로 '부상을 입고 병상에 누운 사람'으로 글자모양이 변하였다. 외상外傷을 입은 것을 '疾'로 표현하고, 몸 내부가 아픈 것을 '病'으로 구별한다.

■ 苦(고): 꼭 맞다, 빠듯하다. ※ 원래 소전小篆을 보면 '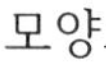=艸+古'의 모양으로 '썩은 풀'을 나타낸 형성자이다. 형용사(맛이 쓰다, 몸과 마음이 괴롭다), 부사(힘들게, 빠듯하게)로 활용된다.

徐	則	甘	而	不固,	疾	則	苦	而	不入 。
(술어)	(접속어)	(술어)	(접속어)	(술어)	(술어)	(접속어)	(술어)	(접속어)	(술어)

> 꾸물대면 느슨하여 단단하지 않게 되고, 서둘면 빠듯하여 조이지 못합니다.

12 不徐不疾, 得之於手,

■ 不 (A) 不 (B) : (A)하지도 않고 (B)하지도 않는다

■ 得(득): 체득體得하다, 가늠하다, 제작製作하다 ※ 원래 갑골문에서 ‘’의 모양으로 ‘좋은 조가비를 손으로 줍다’는 뜻을 나타내는 회의자이며, 소전小篆에 이르면 ‘彳’을 덧붙여 ‘재화를 얻기 위해 멀리 가다’는 뜻을 구체화하였다. 현재는 본뜻을 상실하고 동사(획득하다, 실현하다), 조동사(할 수 있다), 부사(반드시, 마땅히)로 활용된다. ‘制作’은 ‘규정이나 방식 따위의 무형물을 정하다’는 뜻이고, ‘製作’은 ‘작품이나 기계 따위의 재료를 이용하여 유형물을 만들다’는 뜻으로 구별한다.

■ 於(어): ~에 [처소격 전치사]

■ 得之於手(득지어수): 직접 손길이 닿는 대로 만들다.

不 徐	不 疾 ,	得之	於 手 ,
(술 어)	(술 어)	(술어)	(목적어)

머뭇거리지도 서두르지도 않으며, 손길로 느끼는데,

13 而應於心, 口不能言, 有數存焉於其間。

■ 應(응): 거두어들이다, 순응順應하다, 상응相應하다, 대응對應하다. ※ 원래 금문에서 ‘=人+鳥’의 지사자로서 ‘기러기가 서로 호흡을 맞춰 줄지어 날아가다’는 뜻을 나타내었다. 소전小篆에 이르러 ‘’의 모양으로 ‘人’을 ‘广’(집 엄)으로 교체하고 ‘心’를 추가하여 사용되었다. 후에 본뜻을 잃고 ‘호흡을 맞추다’는 뜻만 강조하여 동사(화답하다, 협력하다, 대응하다)와 조동사(타당하다, 해야 한다)로 활용된다.

■ 數(수): 술수術數, 기법技法, 비법秘法.

■ 存(존): 보존하다, 유지되다. ※ 원래 금문을 보면 ‘’의 형태로 ‘후손이 태어난 집’을 뜻하며, ‘在’(본뜻; 정착하다)에 비하여 ‘대를 이어 살다’는 의미로 사용되었다. ‘存’은 소전의 ‘’ 모양에서 유래한 것이다.

■ 焉(언): 그(곳), 거기 [지시대명사]

而 應 於心, 口 不能 言, 有 數 存 焉 於間
(접속어) (술어) (목적어) (주어) (술어) (술어) (목적어) (부사어)

마음에 감응하여, 말로 표현할 수 없지만, 그 사이에 기법이 스며들게 됩니다.

14 臣不能以喩臣之子, 臣之子亦不能受之於臣。

■ 能以(능이): 충분히 ~하다 ※ 能足以의 축약형

■ 喩(유): 깨닫다, 깨우치다, 설명하다. ※ 여기서는 수여동사의 뜻으로 '깨우쳐 주다', '설명해 주다', '전수해 주다'는 뜻으로 풀이한다.

■ 受(수): 받다, 즉 윤편의 아들이 전수받다

臣 不能以喩 臣之子, 臣之子 亦 不能受 之 於臣 。
(주어) (술어) (목적어) (주어) (부사어) (술어) (목적어)

저는 아들에게 깨우쳐줄 수 없고, 제 아들은 저에게 전수받을 수 없습니다.

15 是以行年七十而老斲輪。

■ 是以(시이): 이리하여 [접속사]

■ 行年(행년): 올해 나이, 현재의 나이 (=향년享年)

■ 老(노): 늙은이, 늙도록. ※ 원래 갑골문에서는 '　'의 모양으로 '벼슬 모자를 쓰고 지팡이를 짚고 있는 존귀한 사람'을 나타내는 회의자인데, 금문에서는 '　'의 형태로 모자 대신 머리가 길게 자란 일반 사람의 모습을 형상화하였다. 현재의 '老'의 모양은 소전小篆에서 비롯되었다.

是以 行年 七十 而 老 斲 輪 。
(접속어) (주어) (술어) (접속어) (부사어) (술어) (목적어)

이리하여 올해 70살이 되었건만 늙도록 수레를 만듭니다.

16 古之人與其不家傳也，死矣。

- 古之人(고지인): 옛날 사람, 즉 죽은 사람, 고인故人
- 與(여): ~와 [병렬접속사]
- 家傳(가전): 가업家業을 잇다, 가업전수家業傳授의 줄임말
- 也(야): ~야말로, ~이란 것은 [주격후치사]

古之人	與	不家傳	也,	死	矣。
(주어)	(접속어)	(주어)	(후치사)	(술어)	(종결어)

옛날 사람과 가업 단절은 끝난 일입니다.

17 然則，君之所讀者，古人之糟魄已夫?

- 然則(연즉): 그렇기 때문에 (~이다) [인과접속사]
- 所~者(소~자): 하는 바(것) ※ 所(전치사) + 동사 + 者(후치사)
- 已(이): ~뿐이다, ~할 따름이다 [한정종결사]
- 夫(부): ~이 아니겠는가? [반어종결사]

然則,	君之所讀者,	古人之糟魄	已	夫?
(접속어)	(주어)	(명사구 = 술어)	(종결어)	(종결어)

그렇기 때문에, 왕께서 읽으신 것은 옛사람의 찌꺼기가 아니겠습니까?

참고자료

【 불확실한 장자莊子의 삶과 사상 】

장자莊子로 널리 이름을 남긴 장주莊周는 송宋나라의 몽蒙(지금의 河南省 商邱縣) 출신이다. 전국시대 중후반기인 기원전 300년을 전후하여 활동한 것으로 추정되며, 칠원漆園에서 잠시 하급 벼슬아치 생활을 한 것을 제외하면, 한평생 거의 구속됨이 없이 자유롭게 생애를 보냈다. 논리학파論理學派의 혜시惠施와 가까이 지내며 교유하였지만 그 밖의 행적에 대해서는 밝혀진 바가 별로 없다. 보통 그를 가리켜 노자老子의 사상을 이어받은 도가사상道家思想을 대성시킨 인물로 평가한다. 그러나 노장사상老莊思想이라는 공통점에 비해, 두 사람의 생졸연대와 활동범위가 애매하고, 두 사람의 사상적 차이 등으로 미루어 논란의 여지가 존재한다. 노자는 현실적인 성공주의를 주장하는 반면 장자는 양주楊朱의 이기적인 자애설自愛說과 전병田騈의 만물평등의 귀제설貴齊說의 영향을 받은 사변적思辨的 경향이 강한 편이다. 남을 사랑할 줄 모르는 유가적 편애偏愛로 인하여 사회가 더욱 혼란해지고 전란이 발생한다고 보았다. 따라서 자아와 타인을 구별하는 별사別士들에 의해 사회적 갈등의 근본 원인이라고 배척하였다. 겸애를 사회의 질서가 유지되는 도덕적 규범으로 파악하였다. 이러한 이념적인 주장은 유가사상에서 부자관계와 형제우의를 중시하는 종법적 윤리관을 바탕으로 사람에 따라서 애정의 등차가 있음을 인정하는 것과 상반된다. 유가에서는 예법에 의해 사회질서를 추구하였고, 애정의 등차를 확대시켜 사회와 국가로 이어지는 교화적인 태도를 취한다. 그러나 묵자가 말하는 겸애가 실현된 사회는, 공자가 이상적인 사회형태라고 보았던 대동주의大同主義가 추구하는 사회와 궁극적으로 동일한 것이다. 다만 이들이 이상적인 사회를 추구함에 있어서 그 방법론의 차이가 존재하지만, 인간과 사회의 평화적 질서라는 측면에서 동일한 목표를 지니고 있다. 그리고 묵자는 혈연관계에 의한 폐쇄된 사회를 거부하였으며, 누구나 사랑의 대상이 되어야 하고 누구나 사랑의 실천자가 되기를 요구했다. 그는 인간의 이기적인 집착과 대립을 배척했으며, 혈연을 초월한 가장 보편적인 인류애를 주장하였다. 이러한 묵자의 겸애설은 전통적인 유가학설의 바탕을 이루어 온 종법제도를 부정함으로써, 맹자를 비롯한 유가들로부터 위험한 이단사상이라 비난을 받았다. 그러나 겸애설은 인류의 번영을 위해 박애주의나 평화주의보다도 더욱 적극적인 절제력을 강조하였다. 더욱이 유가사상에서 발견되는 예법과 형식을 통한 점진적인 사랑으로서의 인仁보다도, 실천적이며 현실적인 자기혁신을 요청하였고, 또한 인류에게 차별 없는 사랑의 필요성을 교훈으로 남겼다.

【 심오한 장자의 우언寓言 - 열 가지 이야기 】

첫 번째 이야기: 내가 나비인가? 나비가 나인가? - 예전에 나는 나비가 된 꿈을 꾼 적이 있었다. 그때 나는 자유롭게 날아다니는 한 마리의 나비였다. 아주 즐거웠기 때문에 자기가 장주인 것을 깨닫지 못하였다. 그러나 갑자기 꿈에서 깬 순간 분명히 나는 장주였다. 대체 장주가 나비가 된 꿈을 꾸었던 것일까, 아니면 나비가 장주가 된 꿈을 꾼 것은 아닐까? 〈齊物論〉(不知周之夢爲胡蝶與? 胡蝶之夢爲周與?)

두 번째 이야기: 자신이 죽을지도 모르고 남의 목숨만 노린다. - 장주는 밤나무 밑을 거닐고 있었다. 그때 예사롭지 않은 한 마리 새가 장주의 이마를 스치고 가더니 밤나무 숲에 앉았다. 장주는 바지자락을 걷고 빠른 걸음으로 다가가서 새를 잡는 화살을 들고서 새를 엿보았다. 가만히 보니까, 그 나무 시원한 그늘에 매미 한 마리가 자기 몸도 잊은 채 울고 있었다. 그리고 사마귀 한 마리가 잎사귀로 몸을 숨기고 매미를 잡으려하였다. 사마귀는 매미를 잡는 데만 열중하여 자신에 몸을 잊고 있었다. 그런데 아까 보았던 이상하게 생긴 새는 사마귀를 노리고 있었는데, 이처럼 눈앞의 이익에 빠져서 장주가 자기를 잡으려고 활을 겨누고 있는 것을 전혀 모르고 있었던 것이다. 이에 장주는 탄식하듯 말하였다. 생물체들은 서로 해치고, 이롭고 해로움은 서로 맞물려 있구나. 이런 생각을 하며 활을 버리고 밤나무 숲을 빠져 나오려고 하였다. 이번에는 숲 주인이 밤 훔치러 온 도둑인 줄 알고 뒤쫓아 와서 이유를 캐물었다. 장주는 새를 잡으려 정신이 팔려 남의 밤나무 밭에 있는지 몰랐다. 장주는 집으로 돌아와 석 달 동안 고민에 빠져있었다. 외부 사물에 정신이 팔린 나머지 나는 진정한 나 자신을 잃고 있었던 것이다. 〈山木篇〉(睹一蟬, 方得美蔭, 而亡其身, 螳螂執翳而搏之, 見得而忘其形. 異鵲從而利之, 見利而忘其眞.)

세 번째 이야기: 물고기가 아니면서 어떻게 물고기의 즐거움을 아는가? - 장자가 그의 친구 혜자와 함께 호수의 다리 위를 거닐다가 말하였다. "피라미가 수면에서 유유히 노니는 것은 물고기의 즐거움이다." 혜자가 말하였다. "너는 물고기가 아닌데, 어찌 물고기의 즐거움을 아는가?" 장자가 말하였다. "너는 내가 아닌데, 어찌 내가 물고기의 즐거움을 알지 못한다는 것을 아는가?" 혜자가 말하였다. "나는 네가 아니니, 결코 너를 알지 못한다. 너는 결코 물고기가 아니다.

너는 물고기의 즐거움을 전혀 알지 못한다." 장자가 말하였다. "이 논쟁의 처음으로 돌아가 보자. 네가 어찌 물고기의 즐거움을 아는가라고 말했다는 것은 이미 내가 물고기의 즐거움을 안다고 생각하였기 때문에 나에게 그 방법을 물었다. 나는 다리 위에서 물고기의 즐거움을 알았다. 〈秋水篇〉(惠子曰; 子非魚, 安知魚之樂? 莊子曰; 子非我, 安知我不知魚之樂?)

네 번째 이야기: 뱁새가 어찌 대붕의 뜻을 알겠는가? - 북극에 있는 붕새가 남극으로 날아가려면, 한번 날갯짓으로 삼천리를 나르고, 구만리 하늘을 날아서 6개월 만에 남극에 이르러 쉰다. 뱁새가 웃으며 말한다. "나는 기껏 날아봐야 얼마 날지 못하고 내려와서, 쑥대밭 사이에서 즐겁게 지낸다. 그런데 저 녀석은 대체 왜 저런 힘든 일을 하는 것일까." 〈逍遙遊篇〉(鵬之徙於南冥也, 水擊三千里, 搏扶搖而上者九萬里, 去以六月息者也. 斥鴳笑曰; 我騰躍而上, 不過數仞而下, 翱翔蓬蒿之間, 此亦飛之至也. 而彼且奚適也.)

다섯 번째 이야기: 매미는 봄과 가을 모른다. - 지혜가 좁은 것은 지혜가 넓은 것에 미치지 못하고, 수명이 짧은 자는 장수하는 자에 미치지 못한다. 아침에 생겼다가 저녁이면 시들고 마는 버섯은 하루가 얼마니 긴 지를 모르고, 여름 한철 사는 매미는 봄과 가을을 알지 못한다. 상고 시절에는 대춘이라는 나무가 있었는데 팔천년으로 봄을 삼고, 팔천년으로 가을을 삼았다고 한다. 〈逍遙遊篇〉(小知不及大知, 小年不及大年. 朝菌不知晦朔, 蟪蛄不知春秋. 上古有大椿者, 以八千歲爲春, 以八千歲爲秋.)

여섯 번째 이야기: 못생긴 나무 오래 살고, 울지 못하는 거위 일찍 죽는다. - 장자는 산 속을 지나가다가 가지가 무성한 큰 나무를 쓸모없다고 베지 않는 것을 보았다. 또한 산을 내려와 친구 집에 머물게 되었다. 친구는 반가워하며 거위를 요리하라고 하였다. 친구는 거위 중에 울지 못하는 놈을 잡아 요리하라고 하였다. 재목이 되지 못하는 나무는 오래 사는 수도 있지만, 거위처럼 울지 못해서 일찍 죽는 경우도 있다. 용처럼 하늘을 날 것인가. 뱀처럼 땅을 길 것인가. 때에 따라 처신하여야 한다. 〈山木篇〉(山中之木, 以不材得終其千年, 今主人之雁, 以不材死. 一龍一蛇, 與時俱化, 一上一下, 以和爲量.)

일곱 번째 이야기: 장례는 의미가 없는 짓이다. - 장자의 죽음이 임박하자 제자들이 장례를 성대하게 지내려고 하였다. 장자는 이렇게 말하였다. "나는 하늘과 땅이 나의 관이며, 일월성신이 모두 장식품이며, 만물이 부장품인데, 또 무

슨 장례 준비가 필요한가?" 제자들은 "스승이 까마귀의 밥이 될까 두렵습니다." 라고 답변하였다. 장자가 다시 말하였다. "땅 위에 놓아두면 까마귀와 솔개가 먹을 것이고, 땅 아래 묻으면 굼벵이와 개미가 먹을 것이다. 왜 까마귀의 밥을 뺏어 굼벵이에게 주려하는가?" 〈列禦寇篇〉(在上爲烏鳶食, 在下爲螻蟻食, 奪彼與此, 何其偏也.)

여덟 번째 이야기: 차라리 가난할지라도 자유롭게 살고 싶다. - 장자가 낚시를 하고 있을 때, 초나라 왕이 사람을 시켜 모셔오도록 하였다. 장자는 돌아보지도 않고 말하였다. "초나라에는 죽은 지 3천년이나 된 신령스러운 거북이 있다고 들었소. 비단으로 잘 치장하여 사당에 모셔놓고 왕께서 제사를 지낸다던데, 그 거북이 생전에 죽어서 그렇게 대접 받기를 바랐겠소? 아니면 진흙 속을 기어 다니더라도 계속 살기를 바랐겠소?" 대부가 대답하였다. "그야 당연히 살기를 바라겠지요." 장자가 말하였다. "그렇다면 그만 돌아가시오. 나도 진흙 속을 기어 다니고 싶소." 〈秋水篇〉(曳尾塗中: 寧其死爲留骨而貴乎? 寧其生而曳尾於塗中乎? 吾將曳尾於塗中.)

아홉 번째 이야기: 유용과 불용의 가치 - 땅이란 한 없이 넓고 크지만, 사람에게 필요한 부분은 겨우 발 닿는 좁은 땅이면 족할 것이다. 그렇다고 해서 발의 크기만큼의 땅만 남기고, 황천에 이르도록 다 깎아버리면, 그 좁은 땅은 쓸모가 있겠는가? 쓸데없는 것의 쓰임도 알아야 한다. 〈外物篇〉(夫地非不廣且大也. 人之所用容足耳. 然則厠足而墊之致黃泉, 人尙有用乎?)

열 번째 이야기: 아내가 죽음을 노래 부른 장자 - 장자의 아내가 죽자 혜자가 조문하러 갔다. 장자는 그때 두 다리를 뻗고 항아리를 두드리며 노래를 부르고 있었다. 혜자는 물었다. "곡은 안하고 즐겁게 노래 부르는 것은 너무 심하지 않소?" 장자는 이렇게 대답한다. "그렇지 않소. 어찌 슬픔이 없겠는가? 태어날 때 아무 것도 없었고, 기가 변화하여 형체를 이루었고 그 형체가 변하여 생명이 생겨난 것이다. 그런데 지금 다시 변화하여 죽음으로 돌아가는 것뿐이다. 이것은 춘하추동 사시가 순환하는 것과 같은 것이다. 나의 아내는 하늘과 땅이라는 큰 방에 편안하게 잠든 것에 지나지 않는다." 〈至樂篇〉(不哭, 亦足矣. 又鼓盆而歌, 不亦甚乎? 氣變而有形, 形變而有生. 今又變而之死. 是相與爲春秋冬夏四時行也.)

연습문제

㈎ 敢問公之㉠所讀書㉡何言邪？
㈏ ㉢寡人讀書，輪人㉣安得議乎?
㈐ 徐則㉤甘而不固，㉥疾則苦而不入。

1. 예문㈎에서 밑줄 친 ㉠所의 설명으로 가장 바른 것은?

① 명사격을 만든다. ② 가능성을 뜻한다.

③ 처소격을 만든다. ④ 이유를 설명한다.

2. 예문㈎에서 밑줄 친 ㉡何의 뜻으로 가장 바른 것은?

① 왜 ② 어디 ③ 무슨 ④ 어떻게

3. 예문㈏의 밑줄 친 ㉢寡人을 가장 바르게 풀이한 것은?

① 군주의 자칭 ② 타인의 존칭

③ 신하의 자칭 ④ 하찮은 직위

4. 예문㈏에서 밑줄 친 ㉢安得의 뜻풀이로 가장 바른 것은?

① 차라리 ~을 바라는가? ② 오직 ~할 수 없는가?

③ 편안히 ~을 바라는가? ④ 어찌 ~할 수 있는가?

5. 예문㈐에서 밑줄 친 ㉣甘의 뜻풀이로 가장 바른 것은?

① 감수하다 ② 느슨하다

③ 빠듯하다 ④ 달콤하다

6. 예문㈐에서 밑줄 친 ㉥疾의 뜻풀이로 가장 바른 것은?

① 아프다　　② 괴롭다

③ 서둘다　　④ 피하다

㈑ 不徐不疾, ㉦得之於手, 而㉧應於心,   ㈒ 有說(　　)㉨可, 無說(　　)死!

7. 예문㈑의 밑줄 친 ㉦得之於手를 가장 바르게 풀이한 것은?

① 연장을 사용하지 않고 손으로 만든다.

② 목재 공구를 잡기만 하면 수레가 만들어진다.

③ 수레바퀴를 제작할 때 손을 다치지 않도록 조심한다.

④ 수레바퀴의 치수는 손길 닿는 대로 움직여 가늠하게 된다.

8. 예문㈑의 밑줄 친 ㉧應於心을 가장 바르게 풀이한 것은?

① 마음먹은 대로 수레를 만든다.

② 마음속에 느껴지는 감응에 따른다.

③ 완성된 수레의 모양을 미리 생각해본다.

④ 정교한 수레를 만들면서 잡념을 하지 않는다.

9. 예문㈒에서 밑줄 친 ㉨可의 의미로 가장 바른 것은?

① 가능可能　② 승진昇進　③ 처벌處罰　④ 용서容恕

10. 예문㈒의 두 개의 괄호(　　)에 들어갈 한자어를 쓰시오.

한자어쓰기

讀	書	讀	書				
읽다【정】	책【서】						

釋	放	釋	放				
풀다【석】	놓다【방】						

言	語	言	語				
말씀【언】	말씀【어】						

存	在	存	在				
있다【존】	있다【재】						

生	死	生	死				
생기다【생】	죽다【사】						

寡	人	寡	人				
적다【과】	사람【인】						

觀	察	觀	察				
보다【관】	살피다【찰】						

한자어쓰기

後	輪	後	輪				
뒤【후】	바퀴【륜】						
徐	行	徐	行				
천천히【서】	가다【행】						
疾	走	疾	走				
빠르다【질】	달리다【주】						
體	得	體	得				
몸【체】	얻다【득】						
感	應	感	應				
느끼다【감】	응하다【응】						
術	數	術	數				
기술【술】	꾀【수】						
傳	授	傳	授				
전하다【전】	줄【수】						

원 문 해 석

제齊나라 환공桓公은 당상에서 책을 읽고 있었다. 윤편은 그 아래에서 수레바퀴를 만들고 있었다. 윤편은 몽치와 끌을 내려놓고 당상으로 와서 환공에게 물었다.

"감히 여쭙건대 왕께서 읽고 계신 책에는 어떤 말씀이 있습니까?"

환공이 대답하였다. "성현의 말씀이오."

윤편이 물었다. "살아계신 분입니까?"

환공이 대답하였다. "이미 돌아가셨소."

윤편이 반문하였다. "그렇다면 왕께서 읽고 계신 책은 옛사람의 찌꺼기가 아니겠습니까?"

환공이 말하였다. "과인이 책을 읽는데, 수레공이 어찌하여 따진단 말이요? 그만한 해명을 하면 살려줄 것이고, 말하지 못하면 죽일 것이요."

윤편이 대답하였다. "저는, 제가 하고 있는 일에 비추어 관찰한 바를 말씀 드리겠습니다. 수레를 만들 때, 꾸물대며 너무 깎으면 헐렁하게 되어 단단하게 고정하지 못하고, 서둘러 너무 딱 맞게 깎으면 빠듯하게 되어 끼워지지 않습니다. 꾸물대지 않고 서둘지 않으며, 손길 닿는 대로, 마음 가는 대로 만드는 것으로. 말로 표현할 수 없지만, 그러는 사이에 기법이 스며들게 됩니다. 저는 아들에게 깨우치게 할 수 없으며, 제 아들은 저에게 전수받을 수도 없습니다. 이리하여 제 나이 올해 70살이며, 늙도록 수레를 만들고 있습니다. 옛사람과 저의 가업단절은 모두 끝장난 것입니다. 그렇기 때문에, 왕께서 읽고 계신 책은 옛사람의 찌꺼기가 아니겠습니까?

연습문제답안

1.① 2.③ 3.① 4.④ 5.② 6.③ 7.④ 8.② 9.④
10.(則) (則)

미지의 이상향

꿈속의 나라로 가다

미지의 이상향

꿈속의 나라로 가다

□ 桃花源記, 陶淵明 □

출전해설

혼란한 시대에는 인간에게 영원한 안식처로서 미지의 이상향理想鄕을 꿈꾸게 한다. 도연명은 구차한 현실의 부조리와 인간의 이중성으로부터 자유를 선택하고 자연적인 삶을 동경하였다. 그는 명예와 실리를 포기하고 대자연과 동화되고자 노력하였으며, 순수한 자연을 통하여 고결한 이상理想과 자아自我를 발견하고자 하였다. 특히 이 문장은 후세 산수문학山水文學에도 큰 영향을 남겼지만, 영원히 갈 수 없는 선경仙境이었던 무릉도원武陵桃源을 꿈꾸게 하였다. 허구의 세계를 통해 신비로운 자연과 인간의 교류에 감흥을 취하였다. 영국의 토마스 모어가 쓴 소설제목 유토피아Utopia는 그리스 어원으로 '아무 곳에도 없다'는 뜻이다. 아마존의 엘도라도Eldorado 역시 존재하지 않지만 가고 싶은 나라이다. 인류가 영원히 도달할 수 없는 공상 세계는 역설적으로 누구에게나 마음속에 내재하고 있으며 스스로 만들어가야 할 곳이기도 하다. 도연명陶淵明(365-427)은 자字가 원량元亮 또는 연명이라고 하며 이름은 잠潛이다. 지인知人들은 정절선생靖節先生이라 불렀다고 한다. 그는 언제나 낙천적인 인생관에 입각하여 자연과 자아의 융화融化에 대한 열정을 지니고 있었다. 인간사人間事의 모순을 깨닫고서, 현실적인 이기심을 포기하고 순수자연을 동경하였으며, 꾸밈없는 자아의 세계를 추구하였다. 이것은 이른바 전원시田園詩의 경지이며 위대한 문학적 성취로 평가받는다. 그는 고결한 이상과 절제된 인생을 실천하였으며, 동양인들의 가슴속에 무한한 자연 친화의 가치를 심어주었다.

【정리-1】 도연명의 〈귀거래사歸去來辭〉 중에서

돌아왔노라! 이제 사람을 만나지 않으리.
세상과 내가 이렇게 다르니 다시 수레를 타며 무엇을 구하리.
친한 사람과 정담을 나누고 거문고와 책을 즐기니 근심걱정 없구나.
농부가 내게 봄이 왔다 알려주면 서쪽 밭을 갈리라.
때로는 휘장 달린 수레를 타고 때로는 외로이 배 저어
깊은 산골로 찾아가나 험한 산길을 지나가리라.
나무는 화사하게 꽃피려 하고, 샘물은 졸졸 흘러가네.
만물이 때를 얻어 좋고, 내 삶은 끝을 향하고 있음을 느끼네.
생각하지 말자! 이 몸 자연으로 돌아갈 날 얼마나 될지를.
어찌 마음에 맡기고 오고 감을 내버려 두지 못하는가?
그리 바삐 어디로 가려는가?
부귀를 바라지 않으며 신선의 땅을 기약하지도 못하네.
밝은 내일을 기약하며 홀로 지팡이 세워 둔 채 김을 매러 가리라.
봄 언덕에 올라 휘파람 불고 맑은 물결 바라보면서 시를 읊으리.
오로지 자연의 섭리를 따라 죽어갈 것을.
하늘이 준 생명을 즐기는데 무엇을 고민하리.

【정리-2】 '도화원기桃花源記'와 '무릉도원武陵桃源'은 같은 표현인가?

'도화원기'는 도연명의 산문 작품의 이름이며, '복숭아나무가 우거진 곳의 끝에 계곡 물의 발원지를 다녀온 기록'이란 뜻이며, '무릉도원'은 바로 무릉군武陵郡에 위치한 그 장소만을 지칭하는 표현이다. 실제 존재하지 않으며, 자연에 순응하며 동화되려 노력하였던 도연명이 동경하였던 상상의 이상향인 셈이다. 작품 말미에 다음과 같이 적어 놓았다. 〈밖으로 나와서, 배를 타고서 이전에 왔던 길을 따라 돌아가면서 곳곳에 표시를 해놓았다. 어부는 마을로 돌아와 태수를 뵙고 이 일을 이야기하였다. 이 말을 들은 태수는 즉시 사람을 보내 어부가 표시한 곳을 찾게 하였으나, 가는 길을 찾아 내지 못하였다. 남양南陽에 사는 유자기劉子驥라는 고상한 성품의 선비가 이 소식을 듣고 꼭 가보고 싶었으나 끝내 뜻을 이루지 못하고 병 들어 죽고 말았다. 이후 무릉도원으로 가는 뱃길을 묻는 이가 없었다.〉

원문읽기

1 晋太元中，武陵人捕魚爲業。

2 緣溪行，忘路之遠近，忽逢桃花林。

3 夾岸數百步，中無雜樹，芳草鮮美，落英繽紛。

4 漁人甚異之，復前行，欲窮其林。

5 林盡水源，便得一山。 山有小口，

6 髣髴若有光，便捨船，從口入。

7 初極狹，纔通人。復行數十步，豁然開朗，

8 土地平曠，屋舍儼然，有良田美池桑竹之屬。

9 阡陌交通，鷄犬相聞。

10 其中往來種作，男女衣着，悉如外人，

11 黃髮垂髫，竝怡然自樂。

12 見漁人，乃大驚，問所從來；具答之。

13 便要還家，設酒殺鷄作食。

14 村中聞有此人，咸來問訊。

15 自云：先世避秦時亂，率妻子邑人來此絶境，

16 不復出焉，遂與外人間隔。

17 問今是何世；乃不知有漢，無論魏晋。

18 此人一一爲具言所聞，皆歎惋。

19 餘人各復延至其家，皆出酒食。

20 停數日，辭去。

21 此中人語云；不足爲外人道也。

어구풀이

1 晋太元中，武陵人捕魚爲業。

■ 晋太元(진태원): 동진東晋의 효무제孝武帝(司馬曜)의 연호(376-396)

■ 武陵(무릉): 지명. 호남성湖南省 상덕현常德縣

■ 捕(포): 사로잡다, 포획하다 ※ 원래 금문에서 '𢱧=扌+甫(밭, 정원)'의 모양으로 '밭에서 작은 동물을 잡다'는 뜻을 나타내고 있다.

■ 捕魚(포어): 물고기 잡이 (=漁) (=撈) (=釣)

■ 業(업): 일, 생업生業, 본업本業, 어업漁業 ※ 원래 금문에서 '𤗪=辛(형벌 도구)+去'의 모양으로 '혹독한 관리 하에 노동하다'는 뜻을 나타내며, 고문에서만 그 뜻이 남아 있다. 현재에는 명사(고난, 의무, 사명, 재산)와 부사(이미)로 활용된다.

晋 太元 中 武陵 人 捕 魚 爲 業 。
(부사어) (주어) (술어) (목적어1) (목적어2)

동진시기 태원 연중에, 무릉에 고기 잡는 어부가 있었다.

2 緣溪行，忘路之遠近，忽逢桃花林。

■ 緣(연): 따르다, 좇다 ※ 원래 금문의 '𦃃=糸+彖(동물)'에서 '끈으로 동물을 묶다'는 뜻을 나타내었으나, 본뜻을 잃고 주로 동사(두르다, 포위하다), 명사(옷의 가장자리 봉제선, 원인)로 활용되며, 간혹 동사(따르다)와 접속사(말미암아)로도 사용된다.

■ 緣溪(연계): 계곡을 따라서

■ 遠近(원근): 거리감, 행방行方

■ 忽(홀): 갑자기, 불현듯, 홀연히 [비교] 忽(홀)은 갑자기 나타나다, 倏(숙=儵)은 갑자기 사라지다 ※ 원래 금문에 '[illegible]=勿+心'의 결합으로 '마음을 쓰지 않다, 잊어버리다'는 뜻을 나타내며, 형용사(의외이다, 갑작스럽다), 부사(의외로, 갑자기)로 활용된다.

■ 逢(봉): 만나다, 마주치다, 봉착逢着하다 ※ 遭(조: 길에서 만나다), 遇(우: 약속하지 않고 만나다), 邂(해: 뜻밖에 만나다), 逢(봉: 약속 장소에서 만나다)

■ 桃花(도화): 복숭아나무에 피는 꽃

緣溪 行, 忘 路之遠近, 忽 逢 桃花林 。
(부사어) (술어) (술어) (목 적 어) (부사어) (술어) (목적어)

계곡을 따라 가다가, 뱃길을 잊고 있었고, 불현듯 도화 숲을 보게 되었다.

3 夾岸數百步, 中無雜樹, 芳草鮮美, 落英繽紛。

■ 夾(협): 끼다, 양쪽 사이 ※ 원래 갑골문에 '=从+大'의 모양으로 '두 사람이 어떤 한 사람의 겨드랑이를 양측으로 잡아당기다'는 뜻이었으나 주로 '挾'자로 교체되어 사용된다.

■ 岸(안): 언덕, 기슭 ※ 원래 금문에 ''의 모양으로 '바위 밑이 물에 잠긴 채 위로 치솟은 바위'를 나타낸 글자이다.

■ 夾岸(협안): 계곡의 양쪽 간격, 즉 협곡峽谷

■ 雜(잡): 섞다, 뒤섞다 ※ 금문에 '=衣+集'은 '여러 색감의 천으로 기운 옷'을 나타낸 글자이다.

■ 芳草(방초): 향기로운 풀, 향긋한 풀

■ 鮮美(선미): 곱고 아름답다 ※ 금문에 '鮮'은 '=魚=羊'의 모양으로 '신선한 물고기'를 의미하였고, 허신許愼은 맥貉(북방지역)에서 잡히는 물고기라고 밝혔다.

■ 英(영): 꽃잎, 꽃부리

■ 繽紛(빈분): (바람에) 어지러이 흩날리다

夾岸 數百步, 中 無 雜樹, 芳草 鮮美, 落英 繽紛。
(부 사 구) (주어) (술어) (목적어) (주어) (술어) (주어) (술어)

협곡 수 백리쯤 가자, 다른 나무는 없었고, 싱그러운 풀들이 흩날렸다.

4 漁人甚異之，復前行，欲窮其林。

■ 甚(심): 매우, 심하게 ※ 원래 금문의 ‘=甘+匕(수저)’은 ‘술에 취하여 노래 부르며 안락한 생활을 하다’는 뜻으로 旨(맛있을 지)를 뒤집은 모양이다. 본뜻이 ‘湛’(즐길 담)으로 교체되고, 형용사(과도하다, 과분하다), 동사(초과하다, 심하다), 부사(매우, 대단히) 등으로 활용된다.

■ 異(이): 이상하다(형용사), 이상하게 여기다(형용사의 동사化) ※ 원래 갑골문의 ‘=人+双+田(가면)’은 ‘제사나 형벌을 내릴 때 가면을 착용하다’는 뜻을 나타내었으나, ‘戴(대)’자로 교체되면서 형용사(이상하다, 특이하다)와 부사(기이하게)로 활용된다.

■ 復(부): 거듭, 재차, 계속하여 ※ 독음[복] 되풀이하다 (反復반복, 회복回復 報復보복, 復習복습, 復職복직 등)

■ 欲(욕): ~하고 싶다, ~하려고 하다 [의지]

■ 窮(궁): 다하다, 끝나다. ※ 원래 금문의 ‘=穴+躬’은 ‘동굴에 몸을 굽히고 살며 자유롭지 못하다’는 뜻이었다. 점차 본뜻을 잃어버리고 형용사(고달프다)와 동사(끝나다)로 활용되며, 나중에는 동사(추구하다)의 뜻이 추가되었다.

漁人	甚	異之，	復	前行，	欲 窮	其 林 。
(주어)	(부사어)	(술어)	(부사어)	(술어)	(술어)	(목적어)

어부는 매우 기이하게 여기고, 계속 전진하여, 숲의 끝까지 가보고 싶었다.

5 林盡水源，便得一山。 山有小口，

■ 盡(진): 다하다, 즉 끝까지 도달하다, 숲의 끝에 이르다. ※ 원래 갑골문의 ‘=皿+又+毛(솔)’은 ‘청결하게 그릇을 닦다’는 뜻이었으나, 본뜻을 잃어버리고 형용사(텅 비다)로 활용된다. ‘儘(다할 진)’과 병합되면서 동사(최선을 다하다), 부사(모조리)로 활용되고 있다.

■ 水源(수원): 계곡의 물이 발원發源하다

■ 便(변): 문득, 곧, 바로 ※독음[편] 편(안)하다, 편리하다

■ 得(득): 마주치다, 목격하다 [대동사] (=逢)

■ 小口(소구): 좁은 틈 ※ 口(입이 아니라 틈의 뜻) [구멍] 穴(혈: 맞뚫린 구멍=동굴洞窟, 혈맥穴脈), 孔(공; 구멍 모양, 천공穿孔), 隙(극: 구멍 직경, 간극間隙)

林 盡 水 源, 便 得 一山。 山 有 小口 ,
(주어) (술어) (주어) (술어) (부사어)(술어) (목적어) (주어) (술어) (목적어)

> 숲 끝 계곡 발원지에 이르자, 산 하나가 보였다. 그 산에는 좁은 틈이 있었는데,

6 髣髴若有光, 便捨船, 從口入。

■ 髣髴(방불): 어슴푸레, 어렴풋이, 비슷하여 구별하기 어려운 모양 (=仿佛)

■ 若(약): 마치~듯하다 (=如[여], =猶[유])

■ 捨(사): 버리다, 내버려두다 (=釋 =棄 =放) ※ 원래 금문의 '[illegible]=扌+舍'는 '잠시 머무는 나그네에게 무료로 주다'는 뜻이었다. 이후 '버리다'는 뜻이 추가됨.

■ 從(종): ~으로, ~쪽 [착발격 전치사]

髣髴 若 有 光, 便 捨 船, 從口 入 。
(부사어) (접속어) (술어) (목적어) (부사어) (술어) (목적어) (부사어) (술어)

> 어렴풋이 빛이 보여서, 배를 놓아두고, 그 틈으로 들어갔다.

7 初極狹, 纔通人。復行數十步, 豁然開朗,

■ 初(초): 처음, 애초, 초기初期 (=始) ※ 갑골문을 보면 '[illegible]=衣+人'의 모양으로 '원시인들이 옷을 입어 몸을 따뜻하게 보호하다'는 뜻을 나타내었다. 인류의 문명이 시작된 점을 강조하여 '처음'이란 뜻으로 활용된다.

■ 狹(협): 좁다, 비좁다, 협소狹小하다

■ 纔(재): 겨우, 가까스로, 조금, 약간, 잠깐

■ 豁然(활연): 훤하게 (탁 트인 모양) ※ 豁(형용사: 활짝 열리다 =闊), (동사: 갈라지다 =割)

■ 開朗(개랑): 사방이 트이면서 밝아지다 ※朗 밝다, 환하게 맑다

初	極	狹,	纔	通	人。	復	行	數十步,	豁然	開朗,
(주어)	(부사어)	(술어)	(부사어)	(술어)	(목적어)	(부사어)	(술어)	(목적어)	(부사어)	(술어)

처음엔 매우 비좁아, 겨우 한 사람 들어갈 정도였다. 다시 좀 더 들어가니, 확 트여 밝아졌는데,

8 土地平曠，屋舍儼然，有良田美池桑竹之屬。

■ 平曠(평광): 평탄하고 넓다 (=平廣) [曠] 광활廣闊하다, 공허空虛하다

■ 屋舍(옥사): 집, 가옥家屋

■ 儼然(엄연): 단정端正하다, 질서정연秩序整然 [儼] 단정하고 정중한 모양, 점잖고 엄숙한 모양

■ 良田(양전): 훌륭한 밭, 비옥한 밭 ※ 원래 갑골문의 '良'은 '궁전의 사방을 둘러싼 회랑(복도)'를 뜻하였고, 나중에 '郞'으로 변형되었다가 '廊'으로 교체되었다. 본뜻을 잃고 형용사(마음에 들다, 좋다, 이상적이다)와 부사(몹시, 대단히)로 활용된다.

■ 美池(미지): 아름다운 못, 저수지

■ 桑竹(상죽): 뽕나무와 대나무

■ 屬(속): 종류種類 ※음훈[속] 부류, 가족, [촉] 연결하다, 글을 짓다 ※ 원래 금문의 '屬=尾+蜀(눈을 부릅뜨고 살펴보다)'은 '대열의 끝에서 바라보다'의 뜻이다.

土地	平曠,	屋舍	儼然,	有	良田 美池 桑竹 之 屬。
(주어)	(술어)	(주어)	(술어)	(술어)	(목적어)

토지는 평평하고 넓었고, 집들은 질서정연하였고, 비옥한 밭 아름다운 저수지 뽕나무 대나무 등이 있었다.

9 阡陌交通, 鷄犬相聞。

- **阡陌**(천맥): 밭 사이의 길, 밭두렁 ※차이점[阡] 남북 방향의 길, [陌] 동서 방향의 길
- **交通**(교통): 교차되어 통하다, 사방으로 통하다, 서로 내왕來往하다 ※ 원래 갑골문의 '[illegible]=彳+用'은 '물물교환을 하러 다니다'의 뜻을 나타내던 글자였으나, 소전小篆에서 '彳(조금걸을 척)'이 '辵(쉬엄쉬엄갈 착)'으로 변형되면서 주로 '곧장 달려가다'는 뜻으로 사용되었다.
- **鷄犬**(계견): 닭과 개, 즉 가축
- **相聞**(상문): 들려오다 ※[相] 쌍방. 원래 갑골문의 '[illegible]=木+目'은 '높은 곳에서 멀리 살펴보다'의 뜻을 가졌지만, 본뜻을 잃고 동사(배우자를 찾아보다), 명사(관상, 모습), 부사(서로서로) 등으로 활용된다.

阡陌	交	通,	鷄犬	相	聞 。
(주어)	(부사어)	(술어)	(주어)	(부사어)	(술어)

> 길은 사방으로 통하였고, 닭과 개의 울음소리가 들려왔다.

10 其中往來種作, 男女衣着, 悉如外人,

- **種作**(종작): 농사짓다 ※비교[種] 파종播種, [作] 경작耕作
- **衣着**(의착): 옷차림과 장식 ※의미[着] 장식하다, 붙이다
- **悉**(실): 모두, 다 ※품사[동사] 갖추다, 모두, 알다, 모두 내놓다 ※ 주문籒文의 '[illegible]=囧(투명한 창문 경)+心'은 '완전히 마음을 알다'의 뜻이다.
- **外人**(외인): 외부 사람, 즉 무릉도원 밖에 사는 사람들을 말한다.

其中	往來	種作,	男女 衣着,	悉	如	外人 ,
(주어)	(술어)	(목적어)	(주 어)	(부사어)	(술어)	(목적어)

> 그 중에 농사짓는 사람들이 지나갔는데, 남녀 옷차림새가 모두 외부 사람과 같았고,

11 黃髮垂髫，並怡然自樂。

■ **黃髮**(황발): 누런 머리카락, 즉 늙은이의 머리 ※ '髮'는 금문에서 ''의 모양으로 '사람과 동물의 길게 자란 머리카락'을 뜻한다. ※ '黃'은 갑골문에서 '=矢(화살)+口(과녁)'의 모양으로 '적갈색으로 표시한 과녁의 중앙'을 나타낸 지사자이다. 허신許愼은 '땅의 색'으로 풀이하였다. '廣(광)=广+黃'자는 고대 활을 쏘는 넓은 장소를 의미한다.

■ **垂髫**(수초): 다박머리, 늘어뜨린 머리, 즉 어린 아이들의 두발 모양

[髫] 다박머리 ※ 원래 '垂'의 갑골문은 ''의 모양으로 '나뭇가지에 열매로 인해 아래로 쳐지다'라는 뜻을 나타내었다.

■ **並**(병): 모두 ※품사[동사] 나란하다, 견주다

■ **怡然**(이연): 기쁘게 (기뻐하는 모양)

■ **自樂**(자락): 제각기 즐거워하다, 자기들끼리 놀다 ※ '樂'자의 갑골문을 보면 '=絲+木'의 모양인데, '나무로 만든 악기와 현'을 결합한 회의자이다. 금문에서는 ''의 모양으로 중간에 '白'(설창說唱)를 덧붙여 연수와 가창의 뜻을 의미하였다.

黃髮	垂髫，	並	怡燃	自	樂 。
(주어1)	(주어2)	(접속어)	(부사어)	(목적어)	(술어)

노인과 아이들은 모두 기뻐하며 즐거워하였다.

12 見漁人，乃大驚，問所從來；具答之。

■ **乃**(내): 의외로, 도리어, 오히려

■ **驚**(경): 놀라다[의외], 두려워하다 ※차이[警] 경계警戒하다, 조심하다

■ **所從來**(소종래): 들어온 곳 ※[從來] ~로부터 오다

■ **具**(구): 상세하게 ※동사[具] 갖추다, 구비具備하다 ※ 원래 갑골문의 '=鼎+収'은 두 손으로 고급 음식도구를 떠받들고 있는 모양으로 '귀빈을 초대하여 대접하다'는 뜻이었다. 그러나 본뜻은 '俱(함께할 구)'로 교체

되고, 동사(갖추다), 명사(도구), 부사(상세히) 등으로 활용된다.

見 漁人, 乃 大 驚, 問 所從來, 具 答之。
(술어) (목적어) (접속어) (부사어) (술어) (술어) (목적어) (부사어) (술어)

어부를 보더니, 오히려 크게 놀라며, 어디서 왔는지 물었고, 상세히 답하였다.

13 便要還家, 設酒殺鷄作食。

■ 要(요): 요청要請하다, 초청招請하다 ※동의어[邀:요] 맞이하다, 초대하다

■ 還(환): 돌아가다(오다) ※음훈[還:환] 돌아오(가)다, [還:선] 맴돌다 (=旋)
※ 원래 갑골문에서 '=行+眉(살피다)+方(변경귀양)'의 결합으로 '고향으로 돌아가기를 바라다'는 뜻을 나타내었다. 소전에서 '行'부분을 '辵'으로 변형되면서, '돌아오다'는 뜻도 추가되었다.

■ 設酒(설주): 술을 베풀다 ※뜻[設] ①베풀다, 갖추다, ②설령, 가령

■ 殺鷄(살계): 닭을 잡다 ※음훈[殺:살] 죽이다, [殺:쇄] 덜다, 빠르다, 매우

■ 作食(작사): 밥을 짓다, 식사를 마련하다 ※음훈[食:식] 먹다, [食:사] 음식, 먹이다, [食:이] 인명

便 要還 家, 設 酒 殺 鷄 作 食 。
(접속어) (술 어) (목적어) (주어) (목적어) (술어) (목적어) (술어) (목적어)

즉시 집으로 초대하여, 술상과 닭고기와 식사를 마련하였다.

14 村中聞有此人, 咸來問訊。

■ 村中聞有此人: 마을 사람들은 이 사람이 있다고 듣고서

■ 咸(함): 모두 ※비교[皆:개] 동반, [悉:실] 전부, [並:병] 나열

■ 訊(신): 소식, 안부 ※ 갑골문의 ''은 '두 손을 결박당하여 심문을 받다'는 뜻으로 '심문하다'로 활용되며, 소전小篆에 이르러 '=言+卂(정보)'의 형성자로 변형되어 '소식'(명사)로 활용된다.

村中 聞 有此人, 咸 來問 訊 。
(주어) (술어) (목적어) (부사어) (술 어) (목적어)

마을 사람들은 이 소문을 듣고서, 모두 찾아와 세상소식을 물었다.

15 自云; 先世避秦時亂, 率妻子邑人來此絶境,

■ 自云(자운): 자신들에 대해 진술하다 ※ '云'은 '雲'의 본자이며, 갑골문에 '◯'의 모양으로 하늘의 기류를 나타낸 지사자이다. 고대에 하늘의 기운을 명확히 밝힐 수 없었으므로 '말하기를, 전하기를'로 활용된다.

■ 先世(선세): 선조先祖, 전대前代

■ 避(피): 피하다, 벗어나다, 피신避身하다

■ 秦時(진시): 진秦나라 시절, 진대秦代

■ 亂(난): 전란戰亂

■ 率(솔): 거느리다, 인솔引率하다 ※원음[술] ※음훈[수] 장수, 우두머리, [률] 셈하다, 비율比率

■ 邑人(읍인): 고향 사람 ※[邑] 고대 행정단위

■ 絶境(절경): 외부와 단절된 곳, 벽지僻地 ※차이[絶景] 빼어난 경치

自 云 ; 先世 避 秦時 亂, 率 妻子 邑人 來 此絶境 ,
(목적어) (술어) (주어) (술어) (목적어) (술어) (목적어) (술어) (목적어)

그들의 말에 의하면, 선조들이 진나라 난리를 피하여, 처자식과 마을 사람들을 데리고 이 외딴 곳으로 들어오게 되었으며,

16 不復出焉, 遂與外人閒隔。

■ 焉(언): 이곳, 즉 무릉도원武陵桃源

■ 遂(수): 이리하여, 마침내

■ 閒隔(간격): 격리되다, 소식이 두절되다 ※[閒=間]

不 復 出 焉， 遂 與外人 間隔 。
(술어) (부사어) (술어) (목적어) (접속어) (부사어) (술어)

다시는 바깥세상으로 나가지 않았으므로, 마침내 세상 사람과 단절되었다.

17 問今是何世；乃不知有漢，無論魏晋。

■ **今是**(금시): 지금 시대 ※ '今'의 갑골문을 보면 '亼'의 모양은 'ㅂ'(曰)을 거꾸로 쓴 것으로, '낮은 목소리로 혼자 중얼거리다'는 뜻을 나타내었다. 본뜻은 '吟'(읊조릴 음)으로 교체되었으며, '今'(이 때, 지금)의 모양은 소전小篆 '今'에서 비롯되었다.

■ **何世**(하세): 어떤 세상

■ **乃**(내): 여전히, 아직도

■ **漢**(한): 한漢나라. 고조高祖 유방劉邦이 기원전 206년에 건국하여 후한의 헌제獻帝가 220년에 조비曹丕에게 왕위를 선양禪讓할 때까지 약 407년 동안 존속하여, 중국 역대왕조 가운데 가장 장수하였던 제국이었다.

■ **無論**(무론): (물론)~은 말할 것조차 없다 ※ 갑골문을 보면 '論'의 본자本字는 '侖=口(평하다)+冊(책)'의 모양으로 '侖'(생각할 륜)이었고, 그 의미는 '시비를 추측하고 평가하다'라는 뜻이다. 금문에서 '言'자를 덧붙여 '論'의 모양을 갖추어 통용되면서 '侖'은 본뜻을 잃고 '둥글다, 생각하다'의 뜻으로 사용된다. 허신許愼은 '論'자를 '의논하다'라고 풀이하였고, 이후 동사(평론하다, 추론하다)와 명사(관점, 사상)로 활용된다.

■ **魏晋**(위진): 육조시대(220-589)의 서막을 열었던 시기를 말하며, 조비가 세운 위魏(220-265)와 사마염司馬炎이 세운 진晋(265-316)의 치세를 통칭하는 시기를 말한다. 또는 한말漢末의 '삼국시대[魏·蜀·吳]' 및 사마예司馬睿의 동진(317-420)과 더불어 '5호16국시기'를 포괄한다.

問 今是 何世； 乃 不知 有漢， 無論 魏晋 。
(술어) (목적어) (부사어) (술어) (목적어) (술어) (목적어)

지금은 어떤 세상인지 물었다. 아직도 한나라의 존재를 모르는데, 위진시기에 대해서는 말할 것도 없다.

18 此人一一爲具言所聞，皆歎惋。

■ 一一(일일): 낱낱이, 하나씩, 차근차근

■ 爲(위): 하다 [대동사] (=說, =語) ※ 원래 갑골문에 '=爪(손)+象'의 회의자로서 '코끼리를 길들이다'는 뜻을 나타내었다. 본뜻을 잃고 동사(일을 하다, 성취하다, 공헌하다, 이루어지다, 맡다, 되다)와 전치사(위하여, 대신하여), 접속사(때문에) 등으로 활용된다.

■ 具言(구언): 상세한 말, 구체적具體的으로 말하다

■ 歎惋(탄완): 탄식하다, 한탄하다 ※[惋] 놀라서 한숨짓다

此人	一一	爲	具言	所聞,	皆	歎惋	。
(주어)	(부사어)	(술어)	(목적어)	(수식어)	(부사어)	(술어)	

이 어부는 낱낱이 알고 있는 사실들을 상세히 말하자, 모두 탄식하였다.

19 餘人各復延至其家，皆出酒食。

■ 餘人(여인): 나머지 사람, 그 외의 사람, 즉 아직 어부가 전해준 소식을 듣지 못한 사람을 지칭한다.

■ 延(연): 이끌다, 불러들이다, 즉 데려가다(=邀) ※ 원래 금문의 '=彳(큰길)+止(다리)'은 '먼 길을 가다'를 뜻하며, 고문에서만 본뜻으로 사용된다. 현재는 동사(초청하다, 늘이다, 미루다)로 활용된다.

■ 至(지): ~까지, ~이르도록 [착발격 전치사]

■ 出(출): 내놓다 ※비교[設:설], [施:시], [御:어]

餘人	各	復延	至其家,	皆	出	酒食	。
(접속어)	(부사어)	(술어)	(목적어)	(부사어)	(술어)	(목적어)	

그 밖의 사람들도 각자 집으로 초대하여, 모두 술과 음식을 베풀었다.

20 停數日，辭去。

■ 停(정): 머무르다, 정지停止하다 ※유사[留:류], [宿:숙], [泊:박] ※ 전문篆文을 보면 '停=亻(나그네)+亭'의 회의자로서 '나그네가 잠시 쉬다'는 뜻을 나타내었다.

■ 辭(사): 사양하다, 하직하다, 즉 작별作別을 고하다 ※ 원래 금문金文에서는 '辭'의 모양으로 ' 복잡하게 얽힌 사건의 변론을 법관이 듣다'는 뜻을 나타내었다. 앞부분 '𤔔'은 '복잡하게 엉킨 실'을 본뜬 모양이고, 뒷부분 '司'는 관리를 뜻한다. 소전으로 문자가 통일 되면서 뒷부분은 '辛'(법정에서 사용되는 도구)로 변형되었다. 본뜻은 고문에서만 사용되고 현재 명사(격식 언어)와 동사(이유를 밝히다, 사양하다)로 활용된다.

停	數日，	辭	去。
(술어)	(목적어)	(술어1)	(술어2)

며칠을 머물다가, 작별을 고하고 떠나게 되었다.

21 此中人語云；不足爲外人道也。

■ 語(어): 말하다, 즉 응답의 뜻이다. ※차이[言] 묻다, 즉 질문의 뜻이다.

■ 不足(부족): ~할 것까지 없다 ※생략[足=足以] 허용 또는 만족

■ 爲(위): ~에게 [대상격 전치사]

■ 道(도): 말하다, 알리다 ※뜻[報道:보도], [傳播:전파] ※비교[道] 말을 전하다, [語] 상대의 말에 대답하다, [謂] 상대에게 알리다, [云]은 직접화법의 표현으로서 말하다.

此中人	語	云；	不足	爲外人	道	也。
(주어)	(술어)	(술어)	(술어)	(목적어)	(술어)	(종결어)

이 중에 어떤 사람이 "외부 사람들에게 알리지 마시오."라고 부탁하였다.

참고자료

【 도연명과 관련된 유명한 이야기들 】

❁ 다섯 되의 쌀 때문에 허리를 굽히지 않았던 도연명 그의 나이 41세에 팽택현彭澤縣의 현령縣令으로 부임하였고 80여 일이 지난 무렵이었다. 연말年末이라서 중앙에다 현황을 보고하는 지방 감독관[督郵:중앙의 전령]이 순방하게 되었다. 이때 평상복을 입고 있던 도연명에게 관복으로 갈아입기를 요청하자, "내가 어찌 쌀 다섯 되 때문에 시골의 소인배에게 굽실거리란 말인가!"(我豈能爲五斗米折腰向鄕吏小兒!)라며 지조를 지켜 스스로 관직을 그만두었다. 이때 유명한 〈귀거래사歸去來辭〉를 지었다고 전한다.

❁ 현이 없는 거문고로 즐겼던 도연명 그는 현이 없는 거문고를 집에 두었다가, 술에 취하면 이 거문고를 끌어안고서 심원한 정취를 노래 불렀다고 한다. 소통蕭統은 〈도연명전陶淵明傳〉이란 글에서 "그는 음률을 잘 몰랐지만, 현이 없는 거문고 하나를 옆에 두었다가, 매번 술을 마시게 되면, 문득 이 거문고를 끌어안고 자기의 뜻에 맞추어 반주를 하였다."(淵明不解音律, 而蓄無絃琴一張, 每酒適, 輒撫弄以寄其意.)라고 적고 있다. 《진서晋書·도잠전陶潛傳》에도 이와 유사한 기록이 전한다.

❁ 스스로 '희황상인羲皇上人'이라 칭한 도연명 그는 일찍이 자칭 '희황상인羲皇上人(복희씨 시대의 전설의 인물)이라 하며, 자기의 유유자적하는 기분을 표현했다. 도연명의 〈여자엄등소與子儼等疏〉에서 "나는 한가하고 조용함을 좋아하며, 책을 보다가 깨달음이 있으면, 기뻐서 밥 먹는 일을 잊어버린다. 나무들이 얽혀 있는 그늘에서, 철따라 울음소리를 바꾸는 철새를 보게 되면, 또한 즐거워 기쁨을 느낀다. 항상 한 달 동안 5, 6마디의 말을 하였는데, 북쪽 창문 아래 누워서, 시원한 바람이 잠시라도 불어오면, 나는 희황상인이라고 말하였다."(偶愛閑靜, 開卷有得, 便欣然忘食. 見樹木交蔭, 時鳥變聲, 亦復歡然有喜. 常言五六月中, 北窗下臥, 遇凉風暫至, 自謂羲皇上人.)라고 밝히고 있다.

❁ 술이 없는 모임을 거부한 도연명 그의 고상한 취향은 유명한 스님이었던 혜원慧遠에게 알려져 존숭을 받았다. 혜원스님은 그 당시 명사名士들과 사설 단체를 조직했는데, 연사蓮社라는 이름을 붙이고 도연명에게 참석을 요청하는 편지를 보냈다. 이때 도연명은 술을 마시도록 허용하면 참석하겠노라고 답하였다. 그래서 혜원스님은 그에게만 술을 허용하겠다는 의사를 밝혔다. 이리하여 도연명은 여산廬山으로 갔는데, 내내 찡그린 표정으로 앉아 있다가 떠나 버렸다. 이러한

기록은 〈연사고현전蓮社高賢傳〉(時遠法師與諸賢結蓮社, 以書招淵明. 淵明曰:若許飮則往. 許之. 遂告焉, 忽攢眉而去.)과 〈여산기廬山記〉에도 전한다.

❀ 국화밭에서 술을 기다렸던 도연명 음력 9월 9일 중양절重陽節에 국화를 감상하며 술을 마시는 세시풍습이 있다. 그는 이날 술도 없이 국화밭에 오래 동안 홀로 앉아 있었다. 얼마 후 강주자사江州刺史 왕홍王弘이 사람을 시켜 술을 보냈는데, 이 술을 마시고 흠뻑 술에 취하여 집으로 돌아왔다. 단도란檀道鸞의 《속진양추續晋陽秋》에 "도연명은 일찍이 9월 9일에 술도 없었지만, 집 근처 국화 밭에서, 국화를 가득 꺾어서, 그 옆에 한참 앉아 있었다. 흰옷을 입은 전령이 다가오는 것을 바라보았는데, 곧 왕홍이 술을 보냈던 것이다. 즉시 그 술을 마시고, 취한 뒤에 돌아갔다."(陶潛嘗九月九日無酒, 宅邊菊叢中, 摘菊盈把, 坐其側久, 望見白衣至, 乃王弘送酒也. 卽便就酌, 醉而後歸.)라고 적고 있다.

❀ 불을 숭상했던 도연명 그는 하루 두 끼를 죽으로 먹었는데, 죽을 끓이기 위해 불을 지피고서 그 불을 향하여 절을 했다고 전한다. 풍지馮贄의 《운선잡기雲仙雜記》卷6에 의하면, "도연명은 매일 구리 그릇에 죽을 끓여 먹었는데, 하루 두 끼를 모두 이렇게 지었다. 불이 붙게 되면, 두 번 절을 하며, '불이 있지 않으면, 어떻게 배를 채우겠는가?'라고 말하였다."(陶淵明日用銅鉢煮粥, 爲二食具. 遇火發, 則再拜曰: 非有是火, 何以充腹.)라고 전한다.

【 배를 의미하는 '船'과 '舟'는 어떻게 다른가? 】

선船과 주舟는 기본적으로 '배'라는 의미를 지닌 동의어이지만, 규모나 용도에 있어서 차이가 있다. 허신許愼의 ≪설문해자說文解字≫에 의하면, "舟, 船也. 船, 舟也."(주는 선이다. 선은 주이다)라 밝히고 있는데, 두 글자가 '배'를 나타내는 동의어임을 알 수 있다. 먼저 선진시기에 두 글자가 사용된 예문을 살펴보면 다음과 같다.

二子乘舟, 泛泛其逝. 《詩經·邶風·二子乘舟》
(두 아들이 배를 타고 두둥실 떠나가네.)

作舟以行水. 《周禮·考工記·總序》
(배를 만들어 물위를 건너간다.)

假舟檝者, 非能水也, 而絶江河. 《荀子·勸學》
(배와 노의 힘을 빌린 자는, 능히 수영을 못하지만, 강물을 건너간다.)

有漁父者, 下船而來. 《莊子·漁父篇》
(어떤 고기잡는 사람이, 배에서 내려왔다.)

絶江者托於船，致遠者托於驥，霸王者托於賢．　《呂氏春秋·知度》
(강을 건너려는 자는 배에 의존하고, 멀리 가려는 자는 준마에 의존하며, 패권을 잡으려는 임금은 현명한 자에게 의존한다.)

陸行乘車，水行乘船．　《史記·夏本紀》
(육지는 수레를 타고 다니고, 수로는 배를 타고 다녔다.)

'船'과 '舟'는 때로 혼용되기도 하고 서로 비유적으로 사용하기도 하였다.

次非謂舟人曰；子嘗見兩蛟繞船能兩活者乎？　船人曰；未之見也．《呂氏春秋·知分》
(뱃사공에게 말하기를, "그대는 두 교룡이 배를 휘감았는데도 능히 살아난 사람을 본 적이 있습니까?"라 하자, 뱃사공은 "결코 본 적이 없습니다."라고 대답하였다.)

江·湘委輸，方船連舟；巴峽舟艦，精甲百萬．　《梁書·元帝紀》
(장강과 상수로 운송했고, 줄지은 배를 만들기 위해 배들을 연결했다. 파협의 함선과, 정예 군인은 백만이었다.)

원래 '船'과 '舟'는 크기에 따라 크고 작은 것으로 구별하였는데, 선船은 비교적 큰 배를 말하며, 주舟는 작은 배를 지칭하였다.

刳木爲舟，剡木爲楫，舟楫之利，以濟不通．　《周易·繫辭下》
(나무를 파내어 배를 만들고, 나무를 깎아서 배의 노를 만들었는데, 배와 노의 편리함은, 예전에 가지 못했던 곳을 건너갈 수 있었다.)

여기에서 알 수 있는 것은 '舟'의 제작방법인데, 나무를 파내어 만들었다는 사실이다. 따라서 하나의 통나무를 이용하여 제작되었으므로, 가느다란 쪽배를 지칭한다. 이를 뒷받침하는 공영달孔穎達의 주석과 단옥재段玉裁의 해설이 있다. 그리고 주舟의 규모를 짐작하게 해주는 기록을 살펴보면,

夫藏舟於壑，…謂之固矣，然而夜半有力者負之而走，昧者不知也．《莊子·大宗師》
(골짜기에 배를 숨겨 두고, …이것을 염려하지 말라고 하겠지만, 그러나 한밤중에 어떤 힘센 사람이 등에 지고 달아났는데, 어리석은 자들은 이 사실을 모른다.)

즉 힘센 자가 등에 지고서 뛰어갈 정도였다면 분명 그다지 크고 막중한 규모는 아니었을 것이다. 또한 계복桂馥은 ≪설문해자의증說文解字義證≫에서 주周 지역을 소개하는 〈풍토기風土記〉를 인용하면서, "小曰舟, 大曰船."(작은 것을 주라 하고, 큰 것을 선이라 한다.)이라 밝히고 있다. 여러 전적을 보더라도 주舟를 수식하는 형용사는 대체로 '小'(작다) 또는 '輕'(가볍다) 등이 사용되고 있다.

[范蠡]遂乘輕舟，以浮於五湖． 《國語·越語》》
([범려는] 이리하여 가벼운 배를 타고, 다섯 호수를 지나다녔다.)

[范蠡]乃乘扁舟浮於江湖． 《史記·貨食列傳》
([범려는] 바로 자그마한 배를 타고서 강호를 지나다녔다.)

반면, '船'은 '大'(크다) 또는 '重'(무겁다)의 형용사로 수식하였다.

又豫備走舸，各繫大船後． 《三國志·吳書·周瑜傳》
(달아날 배를 준비하여, 각각 큰 배 뒤에 매달았다.)

千鈞得船則浮，錙銖失船則沈，非千鈞輕錙銖重也，有勢之與無勢也．
《韓非子·功名篇》
(3만근의 무게는 배에 실으면 물에 뜨지만, 치수의 분량이라도 배가 없으면 가라앉는데, 3만근이 가볍고 치수가 무거워서가 아니라, 기세의 유무 때문이다.)

이상에서 살펴본 바, 선船과 주舟의 구별은 후대로 내려오면서 더욱 명확해졌다. 당대唐代 이후에 이르면, 크고 작은 개념이 굳어져서 큰 배를 선船, 작은 배를 주舟라고 불렀다. 따라서 배를 나타내는 두 단어가 서로 혼용되지 않고 교환하여 쓰이지 않게 되었다.

兩岸猿聲啼不住，輕舟已過萬重山． 李白의 〈早發白帝城〉
(양쪽 언덕에서 원숭이 소리가 끊이지 않고, 가벼운 배는 이미 많은 산을 지나왔네.)

至其夜月明，獨與邁乘小舟，至絶壁下． 蘇軾의 〈石鍾山記〉
(그날 밤이 되자 달이 밝아, 오직 아들 소매와 함께 작은 배를 타고, 절벽 아래까지 이르렀네.)

위의 구절에 나타난 주舟는 작은 개인용 돛단배를 지칭하며, 선船으로 바꿔 쓸 수 없다. 이러한 두 글자가 처음 출현한 시기도 서로 다르며, 주舟가 비교적 이른 시기부터 사용되었다. 단옥재段玉裁의 주가 달린 《설문해자說文解字》에 선船 아래에 "古言舟, 今言船."(옛날에 주라 말하는 것은 오늘날 선을 말한다.)라고 설명하면서, 옛날에 사용된 주舟는 오늘날의 큰 배[船]까지 포함한다고 밝히고 있다. 춘추시대의 《좌전》《국어》《논어》 등은 주舟만 사용하고 선船을 사용하지 않았다. 전국시대로 내려오면서 《장자》《여씨춘추》》≪한비자≫ 등에서 비로소 선船이 사용되지만, 대체로 주舟자를 많이 사용하였음을 알 수 있다. 한편 한대漢代로 내려와서 이 두 글자에 대한 지역적인 차이점을 언급한 기록이 있는데, 양웅揚雄의 《방언方言》 권9에 "舟, 自關而西謂之船, 自關而東或謂之舟, 或謂之航."(주舟는 관서지역에서 선船이라 부르고, 관동지역에서 주舟 혹은 항航이라 칭한다.)라고 밝히고 있다.

연습문제

(가) 漁人甚㉠異之，復前行，欲㉡窮其林。 (나) 其中往來㉢種作，男女衣着，悉如㉣外人。 (다) 先世㉤避秦時亂，㉥率妻子邑人來此(　)。

1. 예문(가)에 사용된 밑줄 친 ㉠異의 품사로 가장 바른 것은?

① 명사　② 부사　③ 형용사　④ 동사

2. 예문(가)에서 밑줄 친 ㉡窮의 뜻풀이로 가장 바른 것은?

① 가난한 생활　② 두리번거리다
③ 끝까지 가다　④ 어쩔 줄 모르다

3. 예문(나)에서 밑줄 친 ㉢種作의 뜻을 표현한 한자어는?

① 播種과 耕作　② 種子와 作心
③ 種類와 農作　④ 種族과 作業

4. 예문(나)에서 밑줄 친 ㉣外人이 지칭하는 대상 범위는?

① 도원에 사는 사람　② 어부와 같은 사람
③ 도원에 죽은 사람　④ 어부와 다른 사람

5. 예문(다)에서 밑줄 친 ㉤避에 담긴 뜻으로 가장 바른 것은?

① 숨어서 지켜보다　② 멀리서 달려오다
③ 피난길에 오르다　④ 이리저리 떠돌다

6. 예문㈐에서 밑줄 친 ⓑ率의 음과 뜻을 가장 바르게 짝지은 것은?

① 율 - 비교하다 ② 솔 - 쓰러지다

③ 수 - 우두머리 ④ 솔 - 거느리다

7. 예문㈐의 괄호 (　　)에 들어갈 한자어로 가장 바른 것은?

① 絶境절경 ② 武陵무릉

③ 絶景절경 ④ 桃園도원

㈑ 村中聞有ⓢ此人，咸來問ⓞ訊。 ㈒ 此人一一爲具言(소문)，皆歎惋。

8. 예문㈑의 밑줄 친 ⓢ此人이 지칭하는 대상으로 가장 바른 것은?

① 무릉도원의 주민 ② 마을을 방문한 어부

③ 어부를 만난 사람 ④ 지나가는 마을 농부

9. 예문㈑에서 밑줄 친 ⓞ訊의 뜻풀이로 가장 바른 것은?

① 외딴 곳에서 살아가다 ② 무릉도원에 정착하게 되다

③ 마을 상황을 물어보다 ④ 마을 밖의 소식을 물어보다

10. 예문㈒의 괄호 (소 문)에 들어갈 한자를 쓰시오.

한자어쓰기

漁	業	漁	業				
고기잡다【어】	일【업】						

緣	故	緣	故				
따르다【연】	까닭【고】						

遠	近	遠	近				
멀다【원】	가깝다【근】						

海	岸	海	岸				
바다【해】	언덕【안】						

水	源	水	源				
물【수】	근원【원】						

通	行	通	行				
통하다【통】	가다【행】						

鷄	犬	鷄	犬				
닭【계】	개【견】						

한자어쓰기

衣	服	衣	服				
옷【의】	입다【복】						

頭	髮	頭	髮				
머리【두】	머리카락【발】						

酒	食	酒	食				
술【주】	먹다【식】						

問	答	問	答				
묻다【문】	답하다【답】						

村	落	村	落				
마을【촌】	떨어지다【락】						

避	亂	避	亂				
피하다【피】	난리【란】						

報	道	報	道				
알리다【보】	말하다【도】						

원문해석

동진東晋 태원太元시기 무릉에 고기잡이하는 어부가 있었다. 계곡을 따라 올라가다가 뱃길을 잊어버린 채, 뜻밖의 복숭아나무 숲을 보게 되었다. 계곡을 한참 더 들어 가보니, 다른 나무는 보이지 않았고, 향긋하고 싱그러운 풀잎들이 흩날리고 있었다. 어부는 매우 기이하게 여기고, 계속 나아가 숲 끝까지 가보고 싶었다. 숲이 끝나자 계곡 물의 발원지였고, 바로 산 하나를 보았다. 그 산에는 작은 틈이 있었는데, 마치 어렴풋한 빛이 보여서 배를 내버려두고 입구로 들어갔다. 처음엔 너무 좁아서 겨우 사람이 들어갈 정도였다. 다시 몇 걸음 더 나아가니, 확 트여 밝아졌는데, 토지는 평탄하고 넓었고, 집들은 질서정연하게 줄지어 있었고, 비옥한 밭과 아름다운 저수지와 뽕나무 대나무들이 있었다. 길은 사방으로 뻗어 있었고, 닭과 개 짖는 소리가 들려왔다. 마을 가운데 농사짓는 사람들이 지나다녔는데, 옷차림새가 바깥세상 사람들과 똑 같았으며, 늙은이와 아이들은 모두 기뻐하며 즐거워 보였다. 어부를 보더니 오히려 크게 놀라며, 어디서 들어왔는지 물었는데, 소상히 대답해주었다. 그들은 곧장 집으로 초대하여 술과 고기를 마련하여 밥상을 차렸다. 마을 사람들은 이 어부 이야기를 듣고, 모두 달려와 세상소식을 물었다.

그들의 말에 의하면, 조상들이 진나라 내란을 피하여, 처자식과 주민들을 데리고 이 외딴 곳으로 왔으며, 다시 바깥세상으로 나가지 않고, 외부 사람들과 격리되었다고 하였다. 지금은 어떤 세상인지 물었는데, 한漢나라도 모르는데, 위진魏晉 시기에 대해서 말할 것조차 없었다. 어부는 낱낱이 알고 있는 일들을 소상히 알려주자, 모두 탄식하였다. 다른 주민들도 각자 집으로 초대하였고, 술과 음식을 베풀었다. 며칠 머물다가 작별을 고하고 떠나려고 하였다. 어떤 사람은 바깥세상에 알리지 말라고 부탁하였다.

연습문제답안

1.④ 2.③ 3.① 4.② 5.③ 6.④ 7.① 8.② 9.④ 10.所聞

실천하는 지성

배우는 이유를 알다

실천하는 지성

배우는 이유를 알다

□ 荀子 · 勸學篇, 荀況 □

출전해설

《순자荀子》는 전국시대 조趙나라 출신인 순황荀況(?-기원전 238년 전후)의 저작이다. 그는 선진시기 말기에 유가학설을 데표하는 학자로서 인간의 본성에 대한 해석으로 성악설을 제기하였는데, 인간은 예의를 통해 교정되어야 한다는 철학적 해명을 강조하였다. 그는 이사李斯와 한비자韓非子의 스승이었고, 한대漢代에 순경荀卿 또는 손경孫卿으로 존숭을 받았다. 손경이란 칭호는 한나라 선제宣帝의 이름이 유순劉詢이어서 성을 바꾸게 되었다는 설이 있다. 전체 구성은 20권 32편으로 선진 유가사상을 발전적으로 해석한 이론서이며, 예의의 학습을 통한 인성人性의 교화敎化를 중시하였다. 《한서·예문지》에는 33편이라 밝혔으나, 유향劉向의 《손경신서서록孫卿新書序錄》 이래 32편으로 정해졌다.

어려서 꿈꾸고 늙어서 공부할 수 있는 세상에 사는 것은 행복한 일이 될 것이다. 그런데 우리는 어려서 공부하고 늙어서 꿈만 꾸고 있으니 불행한 삶을 사는 셈이다. 이 세상에 살면서 깨닫는 즐거움을 순자荀子는 학문의 필요성과 방법론으로 연결하여 설명하고 있다. 특히 습성과 환경의 변화를 체득하여 인성人性을 발전시켜나갈 것을 권하고 있다. 더욱이 순자의 교육론은 사리를 깨우치는 것과 더불어 활용하는 방법까지 포괄하고 있다. 군자의 학문은 귀로 들어가 마음에 닿아 온 몸으로 퍼지며, 소인의 학문은 귀로 들어가 입으로 나와 버린다. 이것은 인간의 본성을 순화시키려는 교육지상敎育至上의 견해인 동시에 그의 성악설性惡說을 이해하는 단서로서 일맥상통하는 일면이 있다. 흔히 청출어람靑出於藍, 후생각고後生角高의 성어로 표현되는 문장을 감상해보자.

출전해설

【정리-1】 순황荀況의 생애

순황荀況은 전국시대를 배경으로 활동하였는데, 50세 무렵에 제齊나라에서 유세遊說하였고, 유명한 직문稷門(제나라의 수도 임치臨淄에 있었던 건물명칭)에 모인 학자들로부터 세 차례나 대표 학자로 추대될 정도로 학문에 뛰어났다. 이후 초나라 춘신군春申君의 초청을 받고서 한때 난릉蘭陵(지금의 산동성 창산현蒼山縣 소재)의 행정 책임자[令]로 부임하였다. 기원전 238년 춘신군이 피살되자 관직을 그만두고 난릉에서 여생을 마쳤다. 순황은 공자·맹자의 대를 이은 정통 유가학자로서, 《사기》 〈맹자순경열전孟子荀卿列傳〉에 맹자와 더불어 그의 사적이 기록되어 전하고 있다. 그리고 유향劉向의 《손경신서서록孫卿新書序錄》 및 응소應劭·왕중汪中 등 그의 사적을 기록하고 있다. 민국民國 초기의 사상가였던 양계초梁啓超도 《순자간석荀子簡釋》을 남기며 순자의 사상에 대해 깊은 관심을 보여주었다.

【정리-2】 순자의 사상에 대한 평가

순자의 사상은 유가 예법禮法을 공리주의적인 세계관으로 해명하였고, 정치현실에 대하여 논리적이면서 심리적인 방법론으로 접근하였다. 정교한 논리전개와 어휘를 운용하였으며, 용어 선택조차 치밀하여 근엄하고 중후한 풍격을 유지하였다. 천론天論 부분에서는 자연관을 집중적으로 규명하였고, 해폐解蔽와 정명正名 부분에서는 세계에 대한 인식론을 다루면서 논리학적 사상과 방법론을 제시하였다. 성악性惡 부분에서 인성과 관련한 본질적인 논의를 진술하였다. 그리고 권학勸學과 수신修身 부분은 교육이론의 측면에서 철학적 규명을 시도하였고, 의병議兵에서 군사이론을 서술하였다. 그 외 사론社論, 왕제王制, 왕패王霸, 부국富國 등에서 정치사회와 관련하여 사상적인 원리를 규명하였다. 비십이자非十二子와 해폐解弊를 보면 선진시기의 다양한 사상에 대한 총체적인 비판을 가하였다. 특히 성상成相과 부편賦篇은 매우 정채로운 문체로 문학적 성취를 갖추었다. 잡언체雜言體에 가까운 시詩로 매 편마다 다섯 구句를 갖추고 있다. 그중 7언 구는 후세 칠언시七言詩와 탄사彈詞의 원류로 평가받는다.

원문읽기

1 君子曰；學不可以已。

2 青，取之於藍，而青於藍。

3 氷，水爲之，而寒於水。

4 木直中繩，輮以爲輪，其曲中規。

5 雖有槁暴不復挺者，輮使之然也。

6 故木受繩則直，金就礪則利。

7 君子博學而日參省乎己，

8 則知明而行無過矣。

원문읽기

9 吾嘗終日而思矣，不如須臾之所學也；

10 吾嘗跂而望矣，不如登高之博見也。

11 登高而招，臂非加長也，而見者遠。

12 順風而呼，聲非加疾也，而聞者彰。

13 假輿馬者，非利足也，而致千里；

14 假舟楫者，非能水也，而絶江河。

15 君子生非異也，善假於物也。

어구풀이

1 君子曰；學不可以已。

■ 君子(군자): 도덕을 갖춘 사람, 수양된 사람, 지성인, 여기서는 순황荀況 자신을 말한 것이다. ※ 갑골문을 보면 ''의 모양으로 ''는 권력을 상징하는 지휘봉을 뜻하며, ''는 명령하다는 뜻을 나타낸 것이다. 따라서 '君'자는 정치적 지도자를 의미한다. 이에 비해 '皇'자는 왕관을 쓰고 있는 최고 권력자를 의미한다.

■ 學(학): 배우다, 학습學習하다 ※ 갑골문을 보면 '=(주판)+(건물)'의 모양으로 '계산하는 방법을 가르치는 곳'을 표현한 것이다. 현대사회의 컴퓨터 역시 처음에 수치를 처리하는 기계에서 발달된 것이 흥미롭다. 또 다른 갑골문에는 ''의 모양도 있는데, ''(주판)의 양측에 ''(두 손)을 추가하여, '지도하다'는 뜻을 나타내었다. 금문金文에 이르면 ''의 모양으로 (건물)+(어린이)를 추가하여 배우는 대상을 표시하였다. '學'은 이론적인 지식을 배우는 것에 비해, '習'은 생활 속에서 실천하는 체험을 이미한다.

■ 不可以(불가이): ~할 수 없다

■ 已(이): 끝나다, 마치다, 그치다, 다다르다, 다하다 (=了) ※비교[終:종] 일을 매듭짓다, [止:지] 일을 멈추다, [窮:궁] 목표점에 이르다

君子	曰；	學	不可以 已。
(부사어)	(술어)	(술어)	(술 어)

군자는 말한다. 학문은 끝이 없다.

2 青，取之於藍，而青於藍。

■ 青(청): 푸른 색 ※비교[青:청] 혼합된 색이나 빛 [藍] 자연적인 색이나 빛 ※ 원래 갑골문의 '=屮(나오다)+丹(갱)'은 '갱도에서 이끼가 붙은 광석을 캐다'는 뜻이며, 예서隸書에 이르면 '(갱)'을 '月'의 형태로 변형하였다. 점차 본뜻을 잃고 '이끼의 색' 즉 '파란색'을 뜻하게 되었다. 고대에는 광석의 가루로 물감을 만들었는데, 주로 붉은 색과 파란 색을

사용하였다. 옛 건물이나 벽화에 '단청丹靑'이 많은 이유이다.

■ **取之**(취지): 그 색을 취하는 것 [동사의 명사용법] ※ 원래 갑골문의 '=耳+又(잡다)'는 '적의 귀를 잘라 전투의 승리를 표시하다'는 뜻이다. 본뜻을 잃고 동사(획득하다, 가지다, 선택하다)로 활용된다.

■ **於**(어): ~에서, ~로부터 [착발격 전치사] ※차이점[從:종] 방향성, [自:자] 시간성, [由:유] 인과성

■ **藍**(람): 쪽, 풀 ※ 藍은 '艸(풀)+監(살피다)'의 형성자로서, '색감의 재료와 비교하다'는 뜻이다. '監'자의 금문을 보면 '=見(크게 뜨고 보다)+皿(세수 대야)'의 모양으로 '자기의 얼굴을 비추어 보다'는 뜻이었는데, 점차 본뜻은 '鑑'로 표현하게 되었다.

■ **而**(이): 그러나 [역접접속사] ※ 원래 갑골문의 ''는 턱수염의 상형이었으나, 본뜻을 잃고 2인칭 대명사(너, 그대)와 접속사(이어서, 그리하여)로 활용된다.

■ **於**(어): ~보다 [비교격 전치사] ※ 원래 금문을 보면 ''의 모양으로 '다른 새의 둥지에 얹혀 살다'는 뜻이었다. 본뜻을 잃고 전치사(장소, 방향, 병렬, 비교)로 활용되며, 간혹 감탄사(아, 오)로 활용되었다.

靑,	取之	於藍,	而	靑	於藍。
(부사어)	(술어)	(목적어)	(접속어)	(술어)	(목적어)

푸른색은 풀로부터 색을 취하지만, 풀빛보다 더 푸르다.

3 氷, 水爲之, 而寒於水。

■ **爲**(위): 취하다 [대동사,=取=成] ※ 水爲之(수위지) 물로부터 형체를 취하다, = 取之於水 ※ 원래 갑골문에 '=爪(손)+象'의 회의자로서 '코끼리를 길들이다'는 뜻을 나타내었다. 본뜻을 잃고 동사(일을 하다, 성취하다, 공헌하다, 이루어지다, 맡다, 되다)와 전치사(위하여, 대신하여), 접속사(때문에) 등으로 활용된다.

■ **寒於水**(한어수): 물보다 차다 ※[문형] 寒(형용사)+於(비교격)+水(명사) ※ '寒'의 금문을 보면 '=冂(움집)+人+茻'의 회의자이며, '추운 날씨에 짚을 이용하여 몸을 보온하다'는 뜻을 나타내었다. 다른 금문에는 겨울의

얼음을 표시하는 '二'(冫)부호를 보태어 '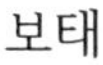'의 모양을 갖추고 있으며, 전문篆文에 이르면 '八'의 모양 ''으로 변형되었다. 예서隸書 이후 현재 사용하는 모양으로 자형이 정비되면서 형용사(춥다, 얼다, 청빈하다)로 활용된다.

氷,	水	爲之,	而	寒	於水。
(주어)	(목적어)	(술 어)	(접속어)	(술어)	(목적어)

> 얼음은 물로부터 형체를 갖지만, 물보다 더 차갑다.

4 木直中繩, 輮以爲輪, 其曲中規。

■ 木直(목직): 나무의 곧음 ※ '直'자의 갑골문을 보면 '=目+丨(정면)'의 지사자이며, '똑바로 정면을 보다'는 뜻을 표시하였다. 금문의 '=目+†(가늠자)+乚(곡선)'에는 굽은 것과 가늠자를 보태어 '반듯하다'는 뜻을 표시하였다.

■ 中(중): 부합되다, 일치하다

■ 繩(승): 먹줄, 목재에 직선을 긋는 줄 ※ 옛날 먹줄은 삼을 꼬아서 만들었고, '紗'는 결승結繩되지 않은 '깁'을 뜻한다.

■ 輮(유): 굽다, 휘다, 바퀴 테 ※비교[揉], 주무르다(휘는 과정), [柔] 부드럽다(휘는 탄성)

■ 以爲(이위): ~으로 만들다, 제작製作하다

■ 輪(륜): 바퀴, 수레바퀴 ※[輻:복] 바퀴살, [輛:량] 수레를 세는 단위

■ 其(기): 바퀴를 지칭함 [지시대명사] (=輪)

■ 曲(곡): 원형, 굽음 ※참고[曲] 노래, 문학양식의 일종 ※ 원래 금문에는 ''의 모양으로 '꺾인 대나무'를 본뜬 상형자이며, 전문篆文에서는 ''의 모양으로 둥글게 휜 대나무를 표시하였다.

■ 規(규): 곱자, 그림쇠, 곡선을 그리는 도구 ※유사[矩:구] 사각형을 그리는 도구 ※ 원래 전문篆文에 '=夫(성인)+見'의 회의자로서 '선배를 보고 배우다'는 뜻을 나타내었다. 동사(본받다, 모색하다)와 명사(모범, 표준)로 활용된다.

木直	中	繩,	輮	以爲	輪,	其曲	中	規。
(주어)	(술어)	(목적어)	(부사어)	(술어)	(목적어)	(주어)	(술어)	(목적어)

곧은 나무는 먹줄로 맞춘 것이고, 휘어서 바퀴로 만든 것은, 곱자로 맞춘 것이다.

5 雖有槁暴不復挺者，輮使之然也。

- **雖**(수): 오직 (=唯) ※ 원래 금문에서 '[illegible]=口+虫+隹'의 회의자로서 '사람 소리에 반응하는 동물'을 뜻하였다. 본뜻은 고문에서만 활용되며, 허신許愼은 '虫+唯'의 형성자로 풀이하였다.
- **槁暴**(고폭): 햇볕에 말리다 ※[槁:고] 말리다(=槀고,=枯:고,=乾건), [暴:폭] 햇볕 쬐다(=曬쇄,=晒쇄,=晞희),
- **挺**(정): 펴다, 바르다 (=直) ※ 원래 전문篆文을 보면 '[illegible]=扌+廷(직립)'의 형성자로서 '도전하다, 응전하다'는 뜻이었다. 동사(꿋꿋하다, 곧게 펴다), 형용사(곧다, 바르다), 부사(매우, 곧장) 등으로 활용된다.
- **使之然**(연): 불로 태우다, 불로 구워내다
- (A)**者**, (B)**也**: (A)하는 것은, (B) 때문이다

雖	有	槁暴 不復挺 者,	輮	使之然	也。
(주어)	(술어)	(목적어)	(목적어)	(술어)	(종결어)

오직 햇볕을 쬐어도 다시 펴지지 않는 것은, 불로 구워 휘었기 때문이다.

6 故木受繩則直，金就礪則利。

- **受繩**(수승): (나무에) 먹줄을 먹이다
- **金**(금): 철 기구 (=鐵器)
- **就**(취): 나아가다, 가까이하다 ※ 원래 금문의 '[illegible]=又(손)+京'는 '높은 건축물을 짓다'는 뜻이었다. 본뜻은 고문에서만 사용되며, 현재는 동사(성취하다, 완성하다, 접근하다, 접수하다), 접속사(한다면, 때문에), 부사(반드시), 전치사(의거하여) 등으로 활용된다.

■ 礪(려): 숫돌 ※[就礪:취려] 숫돌에 갈다

■ 利(리): 날카롭게 하다, 예리하게 하다 [형용사의 사역동사化] ※ 원래 갑골문의 ‘=禾+刀’은 ‘농작물을 재빨리 베다’라는 뜻을 가진 회의자인데, 본뜻을 잃고 현재는 명사(이익, 혜택), 형용사(날카롭다, 순조롭다), 동사(돕다, 이롭다) 등으로 활용된다.

故 木 受繩 則 直, 金 就礪 則 利 。
(접속어) (주어) (술어) (접속어) (술어) (주어) (술어) (접속어) (술어)

그래서 나무는 먹줄에 의해 곧게 되고, 쇠는 숫돌에 의해 날카롭게 된다.

7 君子博學而日參省乎己,

■ 博學(박학): 폭넓게 배우다 ※ 원래 ‘博’의 금문을 보면 ‘’는 ‘폭이 넓은 천’을 뜻하는 회의자였으나, 현재는 본뜻을 잃고 형용사(넓다, 많다)와 부사(널리, 많이)로 활용된다

■ 日(일): 매일, 날마다, 항상

■ 參省(삼성): 여러 차례 검토하다 ※[叄:삼] 3 (=三), [省:성]살피다(=顧) ※ 원래 ‘叄’의 금문을 보면, ‘’의 모양으로 ‘박학한 노인이 별을 관측하다’는 뜻을 나타내는 회의자이며, 고문에서만 사용되며 현재는 본뜻을 잃어버렸다. 주로 동사(대조하다, 경배하다, 참가하다)와 수사(숫자 3)로 활용된다. ※ ‘省’의 갑골문은 ‘=生+目’의 회의자로서 ‘내면의 본성을 생각하다’는 뜻을 나타내었다. 금문의 ‘’은 갑골문에 ‘心’의 모양을 보태어 본뜻을 더욱 구체적으로 표현하였다. 동사(성찰하다, 망념을 줄이다, 탐색하다)와 명사(감독기관, 행정단위)로 활용된다.

■ 乎(호): ~에 대해 [대상격 전치사] (=於=之)

君子 博 學 而 日 參省 乎 己,
(주어) (부사어) (술어) (부사어) (부사어) (술어) (목적어)

군자로서 많이 배우고 날마다 자신을 여러 번 되돌아본다면,

8 則知明而行無過矣。

■ 知(지): 지혜智慧 ※ 원래 전문篆文에서 ‘=矢+口’의 회의자로서 ‘사냥이나 전쟁의 경험을 말하다’는 뜻을 나타내었으나, 현재는 본뜻을 잃고 명사(경험, 상식)와 동사(이해하다, 관리하다)로 활용된다. ※ 원래 갑골문에서 ‘=干(목제 무기)+矢+口’의 회의자로서 ‘작전이나 계략을 짜다’는 뜻이며, 명사(전략, 사상), 형용사(똑똑하다), 부사(총명하게) 등으로 활용된다. [慧]마음이 맑고 진상을 통찰하다, [覺]분명하게 깨닫다, [悟]본성을 알고 자아를 발견하다, [禪]자아를 잊고 자연섭리를 알다

■ 行(행): 행동, 행위, 실천 ※ 원래 갑골문의 ‘’은 ‘사방이 트인 사거리’를 본든 상형자로서, 현재는 본뜻을 잃고, 명사(대열, 서열, 상점, 행위)와 동사(가다, 하다, 보내다, 흐르다)로 활용된다.

■ 過(과): 과실, 실수, 허물 ※차이점[過] 초과하다, 지나치다

則	知	明	而	行	無	過	矣。
(접속어)	(주어)	(술어)	(접속어)	(주어)	(술어)	(목적어)	(종결어)

지혜는 더욱 뚜렷하게 되며 실천함에 과오가 없게 될 것이다.

9 吾嘗終日而思矣, 不如須臾之所學也;

■ 嘗(상): 일찍이, ~한 적이 있다 ※ 금문에 ‘=尙(고급)+旨(맛)’의 형성자로서 ‘질 좋은 고급 음식을 맛보다’는 뜻이며, 동사(시험 삼다, 겪다)와 부사(일찍이)로 활용된다. 고문에서는 ‘常’(항상)과 상통한다.

■ 不如~: ~만 못하다

■ 須臾(수유): 잠깐, 짧은 시간 ※[居有間:거유간], [頃之:경지], [刹那:찰나]

吾	嘗	終	日	而	思	矣,	不如	須臾之所學	也;
(주어)	(부사)	(술어)	(목적어)	(접속어)	(술어)	(종결어)	(술어)	(목 적 어)	(종결어)

나는 하루 종일 생각한 적이 있는데, 잠깐 배우는 것만 못하였다.

10 吾嘗跂而望矣，不如登高之博見也。

■ 跂(기): 발뒤꿈치를 올리다, 발돋움하다 ※[跂:기] 육발이, 꿈틀꿈틀 (=跂行, =跂跂)

■ 博見(박견): 널리 보다

吾	嘗	跂	而	望	矣,	不如登高之博見	也 。
(주어)	(부사)	(술어)	(접속어)	(술어)	(종결어)	(술어) (목 적 어)	(종결어)

나는 발돋움해서 본적이 있지만, 높은 곳에서 널리 보는 것만 못하였다.

11 登高而招，臂非加長也，而見者遠。

■ 招(초): 손짓하다, 부르다 ※ '招'자의 본자는 '召'인데, 갑골문을 보면 '' =(두 손)+(수저)+(부르다)+(식탁)'의 결합으로 '술과 밥을 차려놓고 손님을 초대하다'는 뜻을 나타낸 회의자이다.

■ 臂(비): 팔 ※비교[腕:완]팔목, [肱:굉]팔뚝, [肩:견]어깨, [胛:갑]어깨뼈, [膀:방]상박(=膊:박)

■ 加長(가장): 더 길게 뻗다 ※ 원래 갑골문에서 '長'자는 ''의 '머리가 흩날리는 모양'을 본뜬 상형자도 있고, 또 ''의 모양으로 지팡이를 추가한 회의자도 있다. 명사(늙은이, 어른, 우두머리), 동사(자라다, 발전하다), 형용사(길다, 오래되다), 부사(오래, 멀리) 등으로 활용된다.

■ 非~也: ~이 아니다

■ 而(이): 그러나 [역접접속사]

■ 見者(견자): 보이는 곳

登	高	而	招,	臂	非	加長	也,	而	見者	遠 。
(주어)	(목적)	(접속어)	(술어)	(주어)	(술어)	(목적어)	(종결어)	(접속어)	(주어)	(술어)

높은 곳에 올라가 손짓하면, 팔을 더 길게 뻗지 않아도, 더 먼 곳에서 보인다.

12 順風而呼，聲非加疾也，而聞者彰。

■ 順風(순풍): 바람을 타다, 바람을 이용하다

■ 呼(호): 부르다, 외치다

■ 疾(질): 강하다, 맹렬하다 ※ 원래 갑골문에는 '=大+矢(화살 시)'의 모양으로 '화살을 맞은 사람'을 나타낸 지사자이지만, 금문에서는 '=疒+矢'의 모양으로 '부상을 입고 병상에 누운 사람'으로 글자모양이 변하였다. 외상外傷을 입은 것을 '疾'로 표현하고, 몸 내부가 아픈 것을 '病'으로 구별한다.

■ 彰(창): 뚜렷하다, 밝히다, 분명하다

順 風 而 呼， 聲 非 加疾 也， 而 聞者 彰 。
(주어) (목적) (접속어) (술어) (주어) (술어) (목적어) (종결어) (접속어) (주어) (술어)

> 바람을 이용하여 부르면, 소리를 더 크게 외치지 않아도, 더 또렷하게 들린다.

13 假輿馬者，非利足也，而致千里；

■ 假(가): 이용하다, 빌리다, 도움을 받다, 의존하다

■ 輿(여): 수레 ※ 갑골문을 보면 ''의 모양으로 '사람들이 미는 수레'를 나타낸 지사자이다. 본뜻은 고문에서만 사용되며, 현재는 형용사(사람이 많다), 명사(수레)로 활용된다.

■ 利足(이족): 빨리 걷다

■ 致(치): 도달하다

假 輿馬 者， 非 利足 也， 而 致 千里；
(술어) (목적어) (후치어) (술어) (목적어) (종결어) (접속어) (술어) (목적어)

> 수레와 말을 이용한다면, 빨리 걷지 않아도, 오히려 천리 먼 곳까지 이를 수 있다.

14 假舟楫者，非能水也，而絶江河。

■ 楫(즙): 노 (배를 젓는 기구)

■ 水(수): 수영하다, 헤엄치다(=泳) [명사의 동사化]

■ 絶(절): (강을) 건너다, 도하渡河하다 ※유사[涉:섭], [渡:도]

假	舟楫	者,	非能	水	也,	而	絶	江河 。
(술어)	(목적어)	(후치어)	(술어)	(목적어)	(종결어)	(접속어)	(술어)	(목적어)

> 배와 노를 이용한다면, 능히 수영하지 않아도, 오히려 강을 건널 수 있게 된다.

15 君子生非異也，善假於物也。

■ 異(이): 남과 다르다 ※ 원래 갑골문의 ‘=人+双+田(가면)’은 ‘제사나 형벌을 내릴 때 가면을 착용하다’는 뜻을 나타내었으나, ‘戴(대)’자로 교체되면서 형용사(이상하다, 특이하다)와 부사(기이하게)로 활용된다.

■ 善(선): ~에 뛰어나다, 잘하다 ※ 원래 두 마리의 양이 마주하고 있는 ‘’ 회의자로서 ‘차분하게 말을 주고받다’는 뜻이며, 형용사(보기 좋다, 훌륭하다), 동사(잘 하다), 부사(잘)로 활용된다.

■ 於(어): ~에(게) [대상격 전치사]

君子	生	非異	也,	善假	於物	也 ,
(주어)	(부사어)	(술어)	(종결어)	(술 어)	(술어)	(목적어)

> 군자는 선천적으로 남과 다르지 않은데, 만물을 잘 이용할 뿐이다.

참고자료

【 성악성은 인류역사상 최초 휴머니즘이다 】

❀ 성악설性惡說은 인성에 대한 학설로서 맹자孟子의 성선설性善說과 대립적인 견해이다. 순황은 인간의 본성이란 태어나면서 정해져 있는 것이며, 예의는 인위적인 형식으로 파악하였다. 그의 핵심적인 견해는 다음과 같은 표현 속에서 잘 나타나 있다.

> 오늘날 사람들의 본성은, 태어나면서부터 이익을 좋아하는 성질을 지녔으며, 이에 순응하게 된다. 그래서 다투며 살아가고 사양하지 않는 것이다. 태어나면서부터 나쁜 습성을 지녔으며, 이에 순응하게 된다. 그래서 해치며 살아가고 진실함이 없는 것이다. 태어나면서부터 감각적인 탐욕을 지녔고, 음악과 여색을 좋아하는 성질을 지녔는데, 이에 순응하게 된다. 그래서 음란하게 살아가고 예의와 이성이 없는 것이다.

즉 순황은 선천적으로 인간은 '이기적'이고 '악습적'이며 '탐욕적'인 특성을 지니고 있다고 보았다. 그리고 만약 이러한 본성을 마음대로 하도록 내버려둔다면, 반드시 호전적이고 다툼을 좋아하여 잔인하며 음란하게 될 것이라 우려하였다. 성인을 포함하여 모든 인간의 본성은 악한 것이므로, 예의에 입각하여 인성을 교화시켜야 한다는 당위성을 주장하였던 것이다. 순자는 예의를 제도화할 수 있는 사람은 성인이지만, 사회는 항상 바뀌는 것이고 예는 언제나 구체적이며 현실적이어야 하므로, 현실에 맞는 예의를 만드는 사람을 현실적인 군주라고 보았다. 그 결과 성현들은 인성을 선한 것으로 전환시키기 위해 인의仁義에 의한 도덕률을 제창하였으며, 만인의 행동규범을 제시하여야 한다고 분석하였다. 그러나 순황의 성악설을 자세히 살펴보면, 인간의 생리적인 탐욕 측면만을 지나치게 천착하여 본성을 이해하려고 하였다. 후세 학자들 중에 그의 성악설을 피상적인 관념론이며 추상적인 인성론이라 비판하는 자도 있었다.

한편 후세 유가 사상가들은 전통적으로 맹자의 성선설을 추종하였다. 현대 인류학자나 심리학자들은 순수한 인간의 본성과는 거리가 먼 주장으로 보며, 성악설이나 성선설 양자 모두 편협한 도덕주의자들의 이론에 불과하다고 비판한다. 그러나 이러한 비판은 근본적인 개념을 오인하는 데서 비롯된 것이다. 즉 순황이 말하는 성性이란 본성 또는 천성이 아니라, 바로 '감성感性'이었다. 성악설性惡說은 바로 이성理性과 분리시켜 감각적인 기질에 드러난 인간의 실체를 논증하려고 교육을 강조한 것이다. 순황이 말하는 교육의 대상 역시 유아가 아니라 성인

成人이며, 교육의 궁극적인 목표 또한 근원적 체질개선이 아니라 사회구성원으로서의 역할에 초점을 두었다. 그리고 순황은 선善에 이르는 기준에 대해 일체의 의심이나 이론을 제시하지 않았는데, 이것은 바로 유가의 사상적 체계를 원용하였음을 의미한다. 따라서 성악설은 유가의 예의와 학습을 결합시키기 위한 의식개혁의 성격을 띠며, 과학적인 방법론으로 그 가능성을 추론하였고, 궁극적으로 인류에게 육신의 해방과 천하의 공영을 소망하는 철학적 모색이었다. 요컨대, 후천적 감성의 통제를 거쳐 이성적 세계를 구현하려 하였던 사유체계인 셈이다.

순자 이전의 사상가들은 대부분 하늘에 의해 모든 만물이 형성되고 변화한다고 생각하였다. 따라서 하늘은 존재의 근원이며 인간 도덕의 원천이기도 하였다. 훌륭한 임금이나 포악한 임금이나 모두 하늘의 뜻이며, 일식과 지진 같은 현상도 하늘이 인간 행위에 대해 감정을 드러내는 것이라고 보았다. 그러나 순자는 인간과 하늘의 관계를 부정하였다. 하늘이란 비가 오고 바람 부는 자연 현상에 지나지 않으며, 인간을 통제하는 절대성이 없으며 인간의 도덕적 행위와 아무런 상관이 없다고 보았다. 이러한 이념적 경계를 허물고 나면 운명이라고 여기던 것으로부터 자유로워지게 된다. 하늘을 대신하려면 인간 스스로 통제되고 절제해야 하는 과제가 남는다. 이러한 순자의 이념적 혁명은 인간의 지위와 실천을 극대화시키는 성과를 남겼다. 인간과 하늘의 연계성을 단절한 순자의 눈에는 인간의 순수한 본성은 언제나 개인적인 욕망을 위해 끊임없이 싸우는 존재였던 것이다.

어떤 측면에서 보면, 순자의 성악설은 일종의 판도라의 상자인 셈이다. 순자의 판도라의 상자 속에는 악한 본성을 극복하고 개척해야 하는 숭고한 인간 의지가 남아 있었다. 한편 순자의 이념이 인본주의 정신을 보여주었지만, 근원적으로 인간의 본성을 악하다고 주장한 혁명적 사상은 많은 학자들에 의해 혹독한 비판을 받게 되었다. 우리가 믿어왔던 신은 허구이며, 인간이 스스로 만든 허상이다. 하느님을 말하고 부처를 따르지만, 결국 인간 스스로 운명을 선택하고 결정하여야 한다. 인간의 운명이란 마치 닭장 속에 떨어진 매의 알과 같은 것이다. 스스로 닭처럼 평범하고 무료한 삶을 선택할 수도 있고, 매처럼 활기 넘치는 날개 짓을 하면서 일생을 살아갈 수도 있다. 선택은 하늘이 하는 것이 아니라, 인간 스스로 하는 것이다. 어려서 꿈꾸고 늙어서 공부할 수 있는 세상에 사는 것은 행복한 일이 될 것이다. 반대로 우리는 어려서 공부하고 늙어서 꿈만 꾸고 있다면 불행한 삶을 사는 셈이다. 행복을 바란다면 스스로 신의 경지에 이르도록 자신을 돌아보며 만들어가야 한다. 결코 쉬운 일이 아닐 것이다. 그러나 존재하지도 않고 자신을 철저하게 낮추게 만드는 신이라 생각한다면, 이제 스스로 신이 되어 운명을 개척하는 노력을 시작하는 것이 현명한 것이다.

연습문제

(가) 青，㉠取之於藍，而青㉡於藍。

(나) 君子博學而日參㉢省乎己，則知明而行無㉣過矣。

(다) 雖有槁暴不㉤復挺㉥者，輮(불로 굽다)也。

1. 예문(가)에 사용된 밑줄 친 ㉠取之의 의미로 가장 바른 것은?

① 선천성 ② 후천성 ③ 이중성 ④ 특수성

2. 예문(가)의 밑줄 친 ㉡於에 대한 설명으로 가장 바른 것은?

① 비교급 표현 ② 대상의 표시

③ 판단의 표현 ④ 색깔의 강조

3. 예문(나)에서 밑줄 친 ㉢省의 뜻으로 가장 바른 것은?

① 참가하다 ② 절약하다

③ 살펴보다 ④ 실습하다

4. 예문(나)에서 밑줄 친 ㉣過의 뜻이 **아닌** 것은?

① 잘못을 하다 ② 지나쳐 가다

③ 실수를 하다 ④ 허물이 있다

5. 예문(다)에서 밑줄 친 ㉤復의 음과 뜻으로 가장 바른 것은?

① 복 - 뒤집다 ② 부 - 돌아가다

③ 복 - 겹치다 ④ 부 - 거듭하다

6. 예문㈐에서 밑줄 친 ㉥者에 대한 설명으로 가장 바른 것은?

① 명사형을 만든다. ② 강조형에 사용된다.

③ 복수형을 만든다. ④ 도치형에 사용된다.

7. 예문㈐에서 괄호 (　　)의 원문 한자어로 가장 바른 것은?

① 使 然 之 ② 然 之 使

③ 使 之 然 ④ 然 使 之

㈑ 假舟楫者, 非能㉦水也, 而絶江河。 ㈒ 君子生㉧非異也, ㉨善假於物也。

8. 예문㈑에서 밑줄 친 ㉦水의 뜻을 두 자의 한자어로 쓰시오.

9. 예문㈒의 밑줄 친 ㉧非異와 같은 뜻을 가진 한자어를 쓰시오.

10. 예문㈒에서 밑줄 친 ㉨善의 뜻풀이로 가장 바른 것은?.

① 착하다 ② 올바르다

③ 정의롭다 ④ 뛰어나다

한자어쓰기

學	問	學	問				
배우다【어】	묻다【문】						

青	春	青	春				
푸르다【청】	봄【춘】						

藍	色	藍	色				
쪽【람】	빛【색】						

輿	論	輿	論				
취하다【취】	얻다【득】						

寒	冷	寒	冷				
춥다【한】	차다【랭】						

曲	直	曲	直				
굽다【곡】	곧다【직】						

銳	利	銳	利				
날카롭다【예】	날카롭다【리】						

한자어쓰기

博	學	博	學				
넓다【박】	배우다【학】						

省	察	省	察				
살피다【성】	살피다【찰】						

過	誤	過	誤				
잘못【과】	잘못【오】						

終	日	終	日				
마치다【종】	해【일】						

登	高	登	高				
오르다【등】	높다【고】						

水	泳	水	泳				
물【수】	헤엄치다【영】						

智	慧	智	慧				
지혜【지】	슬기롭다【혜】						

원 문 해 석

군자는 학문에 끝이 없다고 말한다. 푸른색은 풀로부터 나온 색이지만, 풀빛보다 더 푸르다. 얼음은 물로부터 생겨난 것이지만, 물보다 더 차갑다. 나무가 곧은 것은 먹줄로 맞추었기 때문이고, 바퀴가 둥글게 휘어진 것은 곱자로 재었기 때문이다. 오직 햇볕을 쬐어도 다시 펴지지 않는 것은 불로 구워서 휘었기 때문이다. 그래서 먹줄이 있어야 나무를 곧게 만드는 것이며, 숫돌이 있어야 쇠를 날카롭게 할 수 있는 것이다. 군자로서 널리 배우고 날마다 자신을 여러 번 되돌아본다면, 곧 지혜는 더욱 뚜렷하게 될 것이며, 실천을 하더라도 실수를 없앨 수 있을 것이다. 나는 하루종일 계획을 세워보았는데, 잠깐 배우는 것만 못하였다. 나는 발끝을 세워서 바라보았지만, 높은 곳에 올라가서 보는 것만 못하였다. 높은 곳에 올라가서 손짓하면, 팔을 더 뻗지 않았지만, 아주 먼 곳에서도 보인다. 바람을 이용하여 소리를 지르면, 더 크게 외치지 않아도 더 또렷하게 들린다. 수레와 말을 이용하면, 빨리 걷지 않아도 오히려 아주 멀리까지 갈 수 있다. 배와 노를 이용하면, 수영을 할 줄 몰라도, 오히려 강을 건널 수 있게 된다. 군자는 선천적으로 남과 다른 것이 아니라, 만물의 이치를 잘 이용할 뿐이다.

연습문제답안

1.② 2.① 3.③ 4.② 5.④ 6.① 7.③ 8. 水泳 9. 相同 10.④

부록

재미있는 한문읽기

金富軾《三國史記》

1.계백장군의 최후

1 以一國之人，當唐、羅之大兵，	【唐、羅之大兵】 나당연합군
2 國之存亡，未可知也。	
3 恐吾妻沒爲奴婢，與其生辱，不如死快。	【辱】수치스럽다
4 遂盡殺之。至黃山之野，設三營，	【營】병영，군영
5 遇新羅兵將戰，誓衆曰;	【誓】맹세，서약
6 昔句踐以五千人，破吳七十萬衆。	
7 今之日，宜各奮勵決勝，以報國恩。	【奮勵】분투하다
8 遂戰，無不以一當千，	【一當千】1인당 1천명을 상대하다
9 羅兵乃却，如是進退，至四合。力屈以死。	

혼자 국가를 대신하여 당나라와 신라의 대군과 맞서야 하니 국가의 존망은 알 수 없다. 내 처와 자식들이 포로로 잡혀 노비가 될까 두렵다. 살아서 욕보느니 차라리 빨리 죽는 편이 낫다고 말하였다. 마침내 가족을 모두 죽였다. 황산벌에 이르러 병영을 세 곳에 세우고 신라의 군대를 기다리며 맹세하였다. 옛날 월왕 구천은 5천 군사로 오나라 70만 대군을 격파하였다. 오늘은 마땅히 각자 용기를 다하여 싸워 이겨 국은에 보답하자. 드디어 격전하였는데, 한 사람이 천명을 상대하듯이 싸웠고, 신라군은 오히려 퇴각하였으며, 네 번이나 진퇴를 거듭하였다. 역부족으로 전사하였다.

戰	鬪	戰	鬪				
싸우다【전】	싸우다【악】						

報	恩	報	恩				
갚다【보】	은혜【은】						

老聃《老子》81장 · 46장

2.진실한 말은 아름답지 않다

1 信言不美，美言不信；
2 善者不辯，辯者不善；
3 知者不博，博者不知。

【信言】진실한 말
【善者】올바른 자
【辯者】달변가
【博者】박식한 자

1 天下有道，却走馬以糞。
2 天下無道，戎馬生於郊。
3 罪莫大於多欲，禍莫大於不知足，
4 咎莫大於欲得。
5 故知足之足，常足矣。

【糞】거름 = 농작
【戎馬】전투용 말
【於】비교급
【咎】허물, 실수
【常】항상

진실한 말은 달콤하지 않으며, 달콤한 말은 진실하지 않다. 올바른 자는 말을 내세우지 않고, 말을 잘하는 사람은 올바르지 않다. 지혜로운 사람은 박식하지 않으며, 박식한 사람은 지혜롭지 않다.

천하에 무위의 도를 인식한다면, 징병되었던 말을 돌려보내서 농작하게 한다. 천하에 무위의 도를 인식하지 않으면, 전투용 말들이 들판에서 출산한다. 과욕보다 더 큰 죄는 없고, 만족을 깨닫지 못하는 것보다 더 큰 재앙은 없으며, 이득을 바라는 것보다 더 큰 허물은 없다. 그러므로 만족을 깨닫고 만족한다면, 항상 만족하게 된다.

辯	論	辯	論				
말 잘할【변】	논하다【론】						

罪	禍	罪	禍				
허물【죄】	재난【화】						

《左傳》襄公三年

3.현명한 자를 추천하다

1 祁奚請老，晋侯問嗣焉。	【請老】노년휴직 【嗣】후임，계승
2 稱解狐，其仇也，將立之而卒。	【稱】칭찬하다
3 又問焉，對曰；午也可。	
4 於是羊舌職死矣，晋侯曰；孰可以代之?	【孰】누구，무엇
5 對；赤也可。	
6 於是使祁午爲中軍尉，羊舌赤佐之。	【佐】보좌하다
7 君子謂祁奚於是能擧善矣。	
8 稱其仇，不爲諂；立其子，不爲比；	【諂】아첨하다 【比】무리 짓다
9 擧其偏，不爲黨。	【偏】치우치나 【黨】파벌，집단

기해는 연로하여 휴직을 청하였는데, 진 임금이 후임자를 물었다. 해호를 거명하였는데, 그의 원수였는데, 부임시켰지만 얼마후 죽었다. 또 묻자, 기오가 합당하다고 대답하였다. 이즈음에 양설직이 죽자, 진 임금이 누가 대신할 만한지 물었다. 양설적이 합당하다고 대답하였다. 이리하여 기오를 중군의 장관으로 삼고, 양설적에게 보좌하도록 명하였다. 군자는 기해를 추천을 잘할 수 있는 사람으로 평가하였다. 자기의 원수를 거명하면서, 모함하지 않았다. 자기의 아들을 내세우면서, 무리 짓지 않았다. 자신에게 치우친 추천을 하였으나 파벌을 이루지 않았다.

推	薦	推	薦				
추천할【추】	천거할【천】						

偏	見	偏	見				
치우칠【편】	보다【견】						

《墨子》親士篇

4.군자는 스스로 진실하다

1 吾聞之曰; 非無安居也, 我無安心也。	【 安居 】편히 살다
2 非無足財也, 我無足心也。	【 足財 】풍족하다
3 是故君子自難而易彼,	
4 衆人自易而難彼。	
5 君子進不敗其志,	【 進 】출근하다
6 衲不疚其情,	【 衲 】퇴근하다 【 疚 】아첨하다
7 雖雜庸民, 終無怨心,	【 雜 】뒤섞여 살다 【 庸 】저속하다
8 彼有自信也。	

내가 듣건대, 편안하게 살만한 집이 없어서 편안하지 않은 것이 아니라, 편안함을 느끼는 마음을 내가 품지 않기 때문이다. 풍족한 재산이 없어서 풍족하지 않은 것이 아니라, 만족을 느끼는 마음을 내가 품지 않기 때문이다. 이런 까닭으로 군자는 자신을 힘들게 하여 남을 쉽게 해주지만, 대부분의 사람들은 자신을 쉽게 처신하여 남을 힘들게 한다. 군자는 직무하면서 신념을 굽히지 않으며, 물러나서 양심을 해치지 않는다. 비록 저속한 사람들과 어울릴지라도, 군자는 끝내 남을 원망하는 마음을 갖지 않으며, 그들이 자신을 믿도록 노력한다.

財	産	財	産				
재물【재】	만들다【산】						

自	信	自	信				
스스로【자】	믿다【신】						

《莊子》逍遙遊

5.손 트지 않는 약

1 宋人有善爲不龜手之藥者,
2 世世以洴澼絖爲事。
3 客問之，請買其方百金。
4 聚族而謀曰; 我世世爲洴澼絖，不過數金,
5 今一朝而鬻其百金，請與之。
6 客得之，以說吳王。越有難，吳王使之將。
7 冬，與越人水戰，大敗越人，裂地而封之。
8 能不龜手一也，或以封,
9 或不免於洴澼絖，則所用之異也。

【善爲】잘 만들다
【龜手】손이 트다
【洴澼絖】솜 표백
【方】처방 비법
【聚】모이다
【鬻】팔다 (육)
【說】유세하다
【裂地】땅 분할
【封】맡기다

송나라에는 손이 트지 않는 약을 잘 만드는 자가 있었는데, 조상대대로 솜을 씻는 것을 본업으로 삼았다. 어느 날 나그네가 그 비법을 100근 황금에 사겠다고 하였다. 가족이 상의하였다. 우리는 대대로 솜을 씻었건만 얼마 벌지 못하였다. 지금 하루아침에 100근의 황금에 팔 수 있으니, 그에게 비법을 가르쳐 주자고 하였다. 그 사람은 비법을 얻었고, 오나라 왕에게 유세하러 갔다. 이즈음 월나라에 내란이 발생하였는데, 오왕은 그를 장수로 파견하였다. 겨울 추위 속 월나라와 수중전투를 하였고, 월나라 군대를 대파시키자, 땅을 포상하였다. 효능은 똑같이 손이 트지 않는 것이지만, 어떤 사람은 땅을 얻고, 어떤 사람은 솜 씻는 일을 면하지 못하였다. 이것은 곧 활용하는 방법의 차이 때문이다.

處	方	處	方				
살다【처】	방법【방】						

用	法	用	法				
쓰다【용】	본받다【법】						

郭澄子《郭子》

6.못생긴 여자가 사랑받다

1 許允婦是阮德如妹，奇醜。

2 交禮竟，許允無復入理。桓范勸之曰；

3 阮嫁醜女與卿，故當有意，宜察之。

4 許便入，見婦卽出。提裙裾待之，

5 許謂婦曰；婦有四德，卿有幾?

6 答曰；新婦所乏唯容。

7 士有百行，君有其幾? 許曰；皆備。

8 婦曰；君好色不好德，何謂皆備。

9 許有慚色，遂雅相重。

【許允】허윤
【阮德如】완간
【醜】못 생기다
【交禮】혼례 맞절
【入理】상대하다
【卿】2인칭대명사
【裙裾】바지 자락
【四德】德言容功
【乏】결핍하다
【慚】부끄럽다
【雅】대단히

허윤의 신부는 완덕여의 여동생인데 기가 차게 못생겼다. 맞절을 하고나서 허윤은 신부를 계속 상대할 수 없었다. 환범이 권고하였다. 완씨 추녀이니, 합당한 핑계를 잘 찾아보라고 하였다. 허윤은 곧장 신방으로 들어갔다가 보자마자 나오려 하였다. 이때 신부는 바지를 잡고 가로막았다. 허윤은 여성의 4가지 품성(마음씨·말씨·맵시·솜씨) 유무를 따졌다. 그녀는 오직 맵시만 없다고 대답하며, 선비에게는 100가지 덕행이 있어야 하는데, 당신은 몇 가지를 갖추었나요? 되물었다. 허윤이 모두 갖추었다고 대답하자, 당신은 여색을 좋아하고 도리를 싫어하는 듯한데, 어찌 다 갖추었다 하십니까? 반문하였다. 허윤은 창피하여, 결국 (여색을 좋아하지 않음을 보여주기 위해) 그녀를 매우 존중해주었다.

婚	禮	婚	禮				
혼인【혼】	예절【예】						

德	行	德	行				
품성【덕】	행동【행】						

《古列女傳》 卷一

7.맹모가 세 번 이사하다

1 鄒孟軻之母也號孟母，其舍近墓，

2 孟子之少也，嬉遊爲墓間之事，踊躍築埋。

3 孟母曰；非吾所以居處子。

4 乃去，舍市傍，

5 其嬉遊爲賈人衒賣之事。

6 孟母又曰；此非吾所以居處子也。

7 復徙，舍學宮之傍，

8 其嬉遊乃設俎豆揖讓進退。

9 孟母曰；眞可以居吾子矣。遂居。

【 鄒 】나라 이름
【 舍 】집
【 墓 】무덤
【 嬉 】즐기다
【 踊躍 】뛰어놀다
【 埋 】파묻다
【 市傍 】시장가
【 衒賣 】팔다
【 徙 】이사하다
【 學宮 】학교
【 俎豆 】제기
【 揖讓 】절하다

추나라 출신 맹자의 어머니를 맹모라고 불렀다. 그의 집은 무덤가에 있었으며, 맹자가 어렸을 때였다. 장례지내는 절차를 흉내 내며 즐겁게 놀았는데, 이리저리 마음대로 땅을 파고 묻었다. 맹모는 내 아들에게 살게 할 곳이 아니다. 라고 말하며, 곧장 이곳을 떠나, 시장가에 집을 얻었는데, 아들은 장사꾼이 물건을 사고파는 행동을 흉내 내며 즐겁게 놀았다. 맹모는 또 이곳도 내 아들이 살 곳이 아니다. 라고 말하며, 다시 이사를 하였고, 학교 근처에다 집을 얻자, 아들이 또 제기를 차려 놓고 허리를 굽혀 절을 하며 앞으로 나아갔다가 물러나는 행동을 하며 즐겁게 놀았다. 맹모는 정말 내 아들에게 살도록 할 만하도다. 라 말하며, 마침내 계속 머물렀다.

賣	買	賣	買				
팔다【매】	사다【매】						

移	徙	移	徙				
옮기다【이】	옮기다【사】						

《韓非子》 外儲說左上

8.무엇을 그리기 가장 어려운가

1 客有爲齊王畵者,

2 齊王問曰; 畵孰最難者? 【孰】무엇

3 曰; 犬馬最難。

4 孰最易者?

5 鬼魅最易。 【魅】귀신(매)

6 夫犬馬, 人所知也,

7 旦暮罄於前, 不可類之, 故難; 【旦暮】아침저녁 【罄】나타나다(경)

8 鬼魅無形者,

9 不罄於前, 故易之也。

빈객 가운데 제나라 왕에게 초상화를 그리는 자가 있었는데, 제나라 왕이 물었다. 무엇이 가장 그리기 어려운가? 이에 개와 말이 가장 어렵답고 대답하였다. 이번에는 무엇이 가장 쉬운지를 물었다. 귀신과 도깨비가 가장 그리기 쉽다고 대답하였다. 그 개와 말은 사람들이 잘 알고 있는 것이고, 아침저녁으로 눈앞에 보이니, 그것을 똑같게 그릴 수 없습니다. 그래서 어렵습니다. 귀신과 도깨비는 형체가 없는 것이라, 눈앞에 보이지 않습니다. 그래서 그것들이 쉽다고 대답하였다.

畵	家	畵	家				
팔다【매】	사다【매】						

鬼	神	鬼	神				
귀신【귀】	귀신【신】						

《新序》雜事五

9.가짜 용을 좋아하다

1 葉公子高好龍, 鉤以寫龍,

2 鑿以寫龍, 屋室雕文以寫龍。

3 於是天龍聞而下之,

4 窺頭於牖, 施尾於堂。

5 葉公見之, 棄而還走,

6 失其魂魄, 五色無主。

7 是葉公非好龍也,

8 好夫似龍而非龍者也。

【 鉤 】허리띠
【 寫 】그리다
【 雕 】새기다
【 窺 】엿보다
【 牖 】창문 =窓
【 施 】베풀다 펴다
【 棄 】버리다
【 還 】맴돌다 (선)
【 魂魄 】넋 , 정신
【 五色 】5가지원색 (黑白靑 紅黃)
【 似而非 】가짜

섭 땅의 군주인 자고는 용을 좋아하여, 허리띠에 용무늬를 새겨 넣었고, 술잔에도 용무늬를 새겨 넣었으며, 집의 안팎 전체의 장식에도 용무늬를 새겨 놓았다. 이리하여 하늘에 있던 용은 섭공이 용을 좋아한다는 소문을 듣고 내려와서, 창문에 머리를 대고 살펴보며, 대청에 꼬리를 길게 내밀었다. 섭공이 용의 꼬리를 보더니, 용이 새겨진 물건들을 모두 내팽개치고 방안을 맴돌다가, 결국 정신을 잃어버렸고, 안색은 말로 표현할 수 없을 지경이었다. 이것은 섭공이 진정으로 용을 좋아한 것이 아니라, 용을 닮았으나 용이 아닌 가짜 용을 좋아한 것이다.

好	龍	好	龍				
좋을【호】	용【용】						

似	而	非	似	而	非		
닮다【사】	말 이을【이】	아니다【비】					

《列子》說符

10.뽕따는 여자를 만나다

1 晉文公出會，欲伐衛。

2 公子鋤仰天而笑。公問何笑。

3 曰；臣笑隣之人有送其妻適私家者，

4 道見桑婦，悅而與言。

5 然顧視其妻，亦有招之者。

6 臣竊笑此也。

7 公寤其言，乃止，引師㊅而還。

8 未至，而有伐其北鄙者矣。

【 晋文公 】진 문공
【 會 】동맹국 회의
【 衛 】위나라
【 適 】보내다
【 私家 】친정집
【 顧 】돌아보다
【 招 】손짓하다
【 竊 】남몰래
【 寤 】깨닫다
【 師 】군사
【 北鄙 】북쪽 국경

진 문공은 동맹국 회의에 참석하러 갔다가, 위나라를 공격하려 하였다. 아들 서가 하늘을 향해 웃었다. 문공은 무엇 때문에 웃는지 물었다. 공자 서가 대답하였다. 제가 웃는 것은 이웃집 사람이 자기 부인을 친정집으로 보냈던 일 때문입니다. 그 이웃집 사람은 길에서 뽕따던 여자를 만나 즐겁게 환담을 나누었습니다. 그런데 고개를 돌려 자기 부인을 보았더니, 자기 부인에게도 어떤 남자가 유혹하는 손짓을 하고 있었다고 합니다. 저는 은연중에 이 일로 웃었습니다. 문공은 아들의 말에 숨은 의도를 깨닫고, 곧장 공격하려던 군대를 철수시켰으며, 군대를 이끌고 되돌아오게 되었다. 아직 궁궐에 도착하지도 않아서, 북쪽 국경지역을 침략하는 사건이 발생하였다.

會	議	會	議				
모을【회】	의논할【의】						

夫	婦	夫	婦				
남편【부】	아내【부】						

《孟子》滕文公下

11.훌륭한 마부와 서툰 사냥꾼

1 趙簡子使王良與嬖奚乘，終日而不獲一禽。

2 嬖奚反命曰；天下之賤工也。或以告王良。

3 良曰；請復之！ 强而後可。一朝而獲十禽。

4 嬖奚反命曰；天下之良工也。

【趙簡子】조앙鞅
【王良】마부 이름
【嬖奚】신하 이름
【禽】날짐승 새
【反命】보고하다

5 簡子曰；我使掌與女乘！

【使掌】맡기다
【女】그대 (=汝)

6 謂王良，良不可，曰；吾爲之範我馳驅，

【馳驅】말몰이

7 終日不獲一；爲之詭遇，一朝而獲十。

【詭】어기다

8 詩云；不失其馳，舍矢如破。

【舍矢】활 쏘다

9 我不貫與小人乘，請辭！

【貫】=慣
【辭】사양하다

조간자는 왕량에게 폐해의 수레를 몰도록 시켰는데, 하루 종일 달려도 새 한 마리를 잡지 못하였다. 폐해는 왕량을 엉터리라고 보고하였다. 어떤 자가 왕량에게 이 말을 전하자, 다시 사냥 수레를 몰게 해달라고 부탁하였고, 억지를 부여 허락을 받았다. 하루아침 동안 10마리 새를 잡았다. 이번에는 왕량을 천하의 훌륭한 기술자라고 극찬하였다. 조간자는 왕량에게 수레를 전담하라고 하자, 왕량은 거절하며 말하였다. 제가 규범대로 말을 몰았을 때 종일 한 마리도 잡지 못하였습니다. 그러나 변칙으로 몰며 사냥감을 쫓아갔을 때, 아침나절에 10마리를 잡았습니다. 시경 글귀에 규정대로 말을 달리니, 사냥감을 쪼갤 듯이 화살이 날아가네. 라고 하였습니다. 저는 저급한 인물을 위해 수레를 달리는 데 익숙하지 않으니, 사양하겠습니다.

管	掌	管	掌				
관리할【관】	손바닥【장】						

規	範	移	徙				
규정【규】	모범【범】						

《孟子》滕文公下

12.나뭇잎으로 몸을 가리다

1 楚人貧居，讀淮南方，

2 得螳螂伺蟬自鄣葉可以隱形。

3 遂於樹下仰取葉，螳螂執葉伺蟬，以摘之。

4 葉落樹下，樹下先有落葉，

5 不能復分別，掃取數斗歸。

6 一一以葉自鄣，問其妻曰：汝見我不?

7 妻始時恒答言見，

8 經日乃厭倦不堪，紿云：不見。

9 嘿然大喜，賫葉入市，對面取人物。

10 吏遂縛詣縣。縣官受辭，自說本末，

11 官大笑，放而不治。

【 淮南方 】책 이름
【 螳螂 】사마귀
【 伺 】엿보다
【 鄣 】숨기다=障
【 仰 】바라다
【 摘 】떨구다=滴
【 掃 】긁어모으다
【 經日 】한나절
【 紿 】속이다
【 嘿然 】말없이
【 賫 】품다
【 詣 】송치하다

초나라 사람 중에 가난한 자가 있었는데, <회남방> 책을 읽다가, 사마귀가 매미를 엿볼 때, 나뭇잎으로 몸을 감춘다는 사실을 알게 되었다. 나무 아래서 잎을 얻기 위해 쳐다보았다. 사마귀가 나뭇잎을 집어서 매미를 엿보다가, 그 잎을 떨어뜨렸다. 나무 아래에는 이미 떨어진 것이 있어서, 가려낼 수가 없게 되자, 수많은 낙엽을 긁어모아 집으로 가져왔다. 낙엽 하나하나 자신에게 갖다 대면서, 아내에게 보이는지 물었다. 아내는 처음에 항상 보인다고 대답하다가, 한나절쯤 지나자, 견디기 힘들 정도로 지겨워서 거짓말로 안 보인다고 대답하였다. 남편은 말없이 흐뭇하게 여기며, 그 낙엽을 가슴에 품고 시장으로 달려가서, 낙엽을 얼굴에다 대고 남의 물건을 취하였다. 관청으로 붙잡아 송치하였다. 법관이 조사하자 내막을 자백하였다. 법관은 박장대소하며 형벌로 다스리지 않았다.

厭	倦	厭	倦				
싫을【염】	게으를【권】						

부록

한자원형 이해하기

ㄱ

가可 갑골문甲骨文에는 ‘=(丁,피리종류)+(口,노래하다)’의 조합 형태로 회의자이며 ‘남녀가 피리를 불며 짝을 구하다’는 뜻을 나타내었다. 금문金文에서는 ‘=(于,피리모양)+(口,노래하다)’의 형태로 피리모양을 강조하여 ‘노래하다’는 뜻을 갖게 되었다. 점차 겹쳐 ‘哥’자로 사용되면서 본뜻을 잃고 형용사(적합하다), 동사(인정하다), 보조동사(할 수 있다)로 활용되며, 단독형으로 ‘허락, 가능’의 의미를 지닌 단어로 사용된다.

가加 금문에는 ‘·’ 두 가지 형태가 보이며, ‘力+口’가 조합된 회의자이며 ‘힘차게, 과장되게 말하다’는 뜻이다. 본뜻은 고문에서만 사용되며 현재는 동사(보태다, 증가시키다, 더하다)로 활용된다.

가佳 금문에시 ‘-亻(여성)+圭(옥)’기 조합된 회의지로시 ‘옥처럼 순결한 여성’을 뜻하였다. ‘아름답다, 예쁘다, 훌륭하다’ 등의 의미를 표현한다.

가歌 본래 글자는 ‘哥’이다. 금문을 보면 ‘=言+可’의 형성자로서 ‘남녀가 연가를 부르며 짝을 구하다’는 뜻이다. 전문篆文에 이르면 ‘=哥(노래)+欠(합창)’의 형태로 변경되었다.

가家 갑골문에 ‘=宀+豕’의 회의자로서 ‘집집마다 돼지를 기르는 모습’을 본뜬 회의자이다. 현재 한족漢族의 원류로 알려진 화하족華夏族은 집 밖에 돼지를 방축하므로, 집 내부에 방축하였던 동이족東夷族의 풍습에서 유래한 한자이다. 한대漢代 허신許愼조차 ‘豕’(돼지 시)를 ‘豭’(수돼지 가)의 축약형으로 오인하여 형성자로 분류하였고, 아직까지도 중국문자학에서 ‘家’자를 ‘사람이 거주하는 집’의 뜻을 갖게 된 연유를 설명하지 않는다.

가嘉 금문에서 '=(壴,악기)+(보태다)'의 형성자로서 '좋은 일에 대해 음악으로 연주하며 조상과 신령의 은혜를 칭송하다'는 뜻을 나타낸다. 아래 부분의 口가 없는 금문 ''도 있다. 동사(기뻐하다)와 형용사(곱다, 경사스럽다)로 활용되는데, 주로 내면적인 기분을 표현하며, 이에 비해 '佳'자는 외형적인 아름다움을 뜻한다.

가假 금문金文을 보면 '=叚'의 모양으로 '갓 캐낸 옥玉'을 형상화한 회의자이며, 소전小篆에 이르러 '亻'변을 덧붙여 '남의 힘으로 이루다'는 뜻이 생겨났다. 따라서 여기에서는 사역형 의미로 새겨야 한다. 한편 '假'자는 진대秦代 이후 '거짓으로, 임시로, 빌리다, 이용하다'는 뜻으로 활용된다.

감甘 갑골문을 보면 ''의 모양으로 '혀로 맛보다'는 뜻을 나타내는 지사자로서 '甛'의 본자本字이다. 주로 형용사(달콤하다)로 활용된다.

감敢 갑골문에 ''의 모양으로 '갈퀴를 손에 들고 야수를 공격하다'는 뜻을 나타내었다. 현재는 형용사(용감하다, 결단성이 있다), 동사(과감하다), 보조동사(함부로-하다)로 활용된다.

개皆 금문을 보면 ''의 모양으로 두 사람이 나란히 서서 말하는 회의자로서 '같은 말을 하다'는 뜻이었으나 본뜻이 '諧'로 교체되고, 부사(모두)로 활용된다.

거居 갑골문에서 '=(부녀자)+(子를 뒤집은 모양)'으로 '부녀자가 아이를 키우다'는 뜻을 나타낸 회의자이다. 명사(거주, 집)과 동사(자리잡다, 서 있다, 보유하다)로 활용된다.

겸兼 겸兼 ※ 금문에서 '두 줄기 벼를 거머쥔'모양 '+=' 으로 '한꺼번에 잡다'는 뜻을 나타낸다.

고固 금문에서 ''의 모양으로 '방패를 꼭 묶다'는 뜻을 나타낸 지사자였으나, 후에 '口+古'의 형성자로 바뀌면서 본뜻을 상실하였다.

고苦 소전小篆을 보면 '=艸+古'의 모양으로 '썩은 풀'을 나타낸 형성자이다. 형용사(맛이 쓰다, 몸과 마음이 괴롭다), 부사(힘들게, 빠듯하게)로 활용된다.

곡曲 금문에는 ''의 모양으로 '꺾인 대나무'를 본뜬 상형자이며, 전문篆文에서는 ''의 모양으로 둥글게 휜 대나무를 표시하였다.

공公 고대에 식량이 부족하여 생존을 위해 식량을 나누는 '' 회의자이며, 형용사(치우침이 없다, 합리적이다, 정의롭다), 동사(공개하다), 부사(공개적으로), 명사(대중, 공적인 일) 등으로 활용된다. ※ 춘추시대의 각 제후국은 주周 왕실로부터 작위爵位를 부여받았는데, 【公:공작】, 【候:후작】, 【伯:백작】, 【子:자작】, 【男:남작】의 서열이 정해져 있었다. 이러한 제후국의 군주 서열은 주왕周王의 안위安慰와 직결되었고 충성도와 신뢰도에 의해 결정되었다.

공功 금문에서는 '工'의 모양으로 '도구를 이용하다'는 뜻이었고, 전문篆文에서 '=工+力'의 모양으로 '기구를 이용하여 생산하다'는 뜻을 나타내었다. 주로 명사(능력, 기술, 성과)로 활용된다. 【功勞공로】, 【功勳공훈】

공攻 금문에서 '=工+攴'의 형성자로서 '무기와 사다리를 이용하여 성을 공략하다'는 뜻을 나타내고 있다. 현재에도 동일한 의미로 활용되며, 뜻을 확장하여 '정복하다, 통달하다'는 의미도 지닌다. 【攻擊공격】, 【專攻전공】

교交 갑골문에는 ‘’의 ‘다리를 꼬고 서 있는 모양’을 본뜬 상형자로서, 동사(서로 이어지다, 교차하다, 사귀다, 교제하다, 건네다)와 부사(서로서로, 교체하여)로 활용된다.

구具 갑골문의 ‘=鼎+収’은 두 손으로 고급 음식도구를 떠받들고 있는 모양으로 ‘귀빈을 초대하여 대접하다’는 뜻이었다. 그러나 본뜻은 ‘俱(함께할 구)’로 표현하게 되었고, 동사(갖추다), 명사(도구), 부사(상세히) 등으로 활용된다.

군君 갑골문을 보면 ‘’의 모양으로 ‘’는 권력을 상징하는 지휘봉을 뜻하며, ‘’는 명령하다는 뜻을 나타낸 것이다. 따라서 ‘君’자는 정치적 지도자를 의미한다. 이에 비해 ‘皇’자는 왕관을 쓰고 있는 최고 권력자를 의미한다.

궁窮 금문의 ‘=穴+躬’은 ‘동굴에 몸을 굽히고 살며 자유롭지 못하다’는 뜻이었다. 점차 본뜻을 잃어버리고 형용사(고달프다)와 동사(끝나다)로 활용되며, 나중에는 동사(추구하다)의 뜻이 추가되었다.

규規 전문篆文에 ‘=夫(성인)+見’의 회의자로서 ‘선배를 보고 배우다’는 뜻을 나타내었다. 동사(본받다, 모색하다), 명사(모범, 표준)으로 활용된다.

금今 갑골문을 보면 ‘’의 모양은 ‘’(曰)을 거꾸로 쓴 것으로, ‘낮은 목소리로 혼자 중얼거리다’는 뜻을 나타내었다. 본뜻은 ‘吟’(읊조릴 음)으로 교체되었으며, ‘今’(이 때, 지금)의 모양은 소전小篆 ‘’에서 비롯되었다.

기欺 ‘其(그물망태)+欠(호흡)’의 결합으로 ‘물고기를 잡는 방식’에서 ‘속이다’는 뜻으로 의미 확산이 이루어 졌다.

기奇

갑골문의 ‘=大(말 탄 자세)+(말의 등)+(채찍)’은 ‘말을 탄 사람이 채찍을 들고 있는 모양’을 나타내었다. 금문을 보면 ‘’는 말의 등과 채찍을 ‘可’의 형태로 변형하였음을 알 수 있다. 본뜻은 ‘騎’자로 표현되고, 형용사(특이하다, 홀수로 되다), 부사(기이하게), 명사(나머지) 등으로 활용된다.

ㄴ

남藍

전문篆文을 보면 ‘=艸(풀)+監(살피다)’의 형성자로서, ‘색감의 재료와 비교하다’는 뜻이다. ‘監’자의 금문을 보면 ‘=見(크게 뜨고 보다)+皿(세수 대야)’의 모양으로 ‘자기의 얼굴을 비추어 보다’는 뜻이었는데, 점차 본뜻은 ‘鑑’로 표현하게 되었다.

노老

▶‘로老’항 참조

논論

갑골문을 보면 ‘論’의 본자本字는 ‘=口(평하다)+冊(책)’의 모양으로 ‘侖’(생각할 륜)이었고, 그 의미는 ‘시비를 추측하고 평가하다’라는 뜻이다. 금문에서 ‘言’자를 덧붙여 ‘’의 모양을 갖추어 통용되면서 ‘侖’은 본뜻을 잃고 ‘둥글다, 생각하다’의 뜻으로 사용된다. 허신許愼은 ‘論’자를 ‘의논하다’라고 풀이하였고, 이후 동사(평론하다, 추론하다)와 명사(관점, 사상)로 활용된다.

능能

갑골문의 은 ‘곰’을 상형하였다. 금문의 은 곰의 머리와 예리한 이빨 그리고 발톱을 분리하였고, 전문篆文에서는 필획을 간소화하여 의 형태로 그렸다. 본뜻은 【熊:웅】가 대신하게 되고, 보조동사(할 수 있다)와 명사(능력, 재능)으로 활용된다.

ㄷ

당堂 금문에서 '=尚+土'의 형성자이며, '궁궐 내부에서 의식행사를 거행하는 장소'를 뜻한다. '당堂'은 왕실의 구조로 보면 군주가 평소 생활하는 공간이며, 현대식 거실에 해당한다. 일반적으로 집무를 보는 '조정朝廷' 앞에 있으며, 그 전방의 동서東西로 계단을 축조하여 마당과 구별하였다. 원문에서 '堂上'은 바로 이 계단 위의 넓은 공간을 의미한다.

대對 지휘관이 긴 칼을 빼들고 적과 대치하고 있는 '' 회의자로 '대항하다'는 뜻이며, 동사(대면하다, 대응하다, 대답하다), 전치사(-에게), 형용사(부합하다, 정확하다), 양사(한 짝) 등으로 활용된다.

독讀 전문篆文에서 비롯된 글자로서 '=言+牘(편지 독)'의 형성자이며, '서적이나 문서에 적힌 글을 소리 내어 읽다'는 뜻을 나타내었다. 한문을 읽을 때 끊어 읽게 되는데, 각 문장 사이를 조절하는 것을 '句'(구)라고 하였고, 문장 속의 각 어휘를 조절하여 읽는 것을 '讀'(두)라고 불렀다. 그 표시는 부호로 표시하는 것을 '點'(점)이라 하고 글자의 옆에 표시하기 때문에 '傍點'(방점)이라고 하였다. 이것을 총칭하여 '句讀點'(구두점)이라 불렀다.

득得 갑골문에서 ''의 모양으로 '좋은 조가비를 손으로 줍다'는 뜻을 나타내는 회의자이며, 소전小篆에 이르면 '彳'을 덧붙여 '재화를 얻기 위해 멀리 가다'는 뜻을 구체화하였다. 현재는 본뜻을 상실하고 동사(획득하다, 실현하다), 조동사(할 수 있다), 부사(반드시, 마땅히)로 활용된다.

ㄹ

란亂 베틀에 뒤엉킨 실을 본뜬 ''의 회의자로서, 형용사(무질서하다), 동사(어지럽히다), 명사(전쟁, 난동), 부사(불규칙하게) 등으로 활용된다.

람藍 전문篆文을 보면 '=艸(풀)+監(살피다)'의 형성자로서, '색감의 재료와 비교하다'는 뜻이다. '監'자의 금문을 보면 '=見(크게 뜨고 보다)+皿(세수 대야)'의 모양으로 '자기의 얼굴을 비추어 보다'는 뜻이었는데, 점차 본뜻은 '鑑'로 표현하게 되었다.

량良 갑골문의 ''은 '궁전의 사방을 둘러싼 회랑(복도)'를 뜻하였고, 나중에 '郎'으로 변형되었다가 '廊'으로 교체되었다. 본뜻을 잃고 형용사(마음에 들다, 좋다, 이상적이다)와 부사(몹시, 대단히)로 활용된다.

로老 갑골문에서는 ''의 모양으로 '벼슬 모자를 쓰고 지팡이를 짚고 있는 존귀한 사람'을 나타내는 회의자인데, 금문에서는 ''의 형태로 모자 대신 머리가 길게 자란 일반 사람의 모습을 형상화하였다. 현재의 '老'의 모양은 소전小篆에서 비롯되었다.

론論 갑골문을 보면 '論'의 본래 글자는 '侖'으로 '=口(평하다)+冊(책)'의 조합이며, 그 의미는 '시비를 추측하고 평가하다'라는 뜻이다. 금문에서 '言'자를 덧붙여 ''의 모양을 갖추게 되면서 '侖'자는 본뜻을 잃고 '둥글다, 생각하다'의 뜻으로 사용된다. 허신許愼은 '論'자를 '의논하다'라고 풀이하였고, 이후 동사(평론하다, 추론하다)와 명사(관점, 사상)로 활용된다.

리利 갑골문의 '=禾+刀'은 '농작물을 재빨리 베다'라는 뜻을 가진 회의자인데, 본뜻을 잃고 현재는 명사(이익, 혜택), 형용사(날카롭다, 순조롭다), 동사(돕다, 이롭다) 등으로 활용된다.

ㅁ

막莫 갑골문을 보면 '=(숲)+(해)'의 결합으로 '태양이 숲속으로 지다'는 뜻이다. 갑골문에는 또 '' 모양도 있는데, 숲 대신 초원을 표시한 것도 있다. 【早:조】 풀 위로 해가 뜨다. 【莫:막】 풀 속으로 해가 지다. 【杳:묘】 해가 나무 아래에 걸려 어둡다. 저녁을 뜻하던 '莫'자는 점차 해를 하나 더 추가한 【暮:모】가 대신하게 되면서 본뜻을 잃고 부정형(하지 못하다), 금지형(하지 마라)의 부사로 활용된다.

모侮 갑골문은 강제로 여성을 해치는 모양 '=女+人'이 결합한 회의자였으나, 금문에서는 '=亻+每'이 조합으로 형성자로 변형되어 '경솔하다, 무례하다'는 뜻으로 활용한다.

무無 갑골문을 보면 '=大+木+木+口'의 결합으로 회의자이며, '죽은 혼령을 위한 제사를 모시며 주술을 하는 사람의 모습'을 본뜬 글자이다. 본래의 의미는 상실되었고 '죽은 혼령, 존재하지 않는 것'의 뜻만 남아서 '없다'로 사용된다. '无'(무)는 대머리를 뜻하며, '兀'은 이마가 벗겨진 머리를 뜻한다.

미美 갑골문에서 '=羊+大'의 회의자로서, 정신 수양이 잘된 선비의 상서로움과 평화로움을 뜻하는 글자이다.

ㅂ

박博 금문을 보면 ''는 '폭이 넓은 천'을 뜻하는 회의자였으나, 현재는 본뜻을 잃고 형용사(넓다, 많다)와 부사(널리, 많이)로 활용된다.

발髮 금문에서 '=(야수)+(사람 머리)'가 조합되어 '사람과 동물의 머리카락이 길게 자라다'를 뜻하는 형성자로서 주로 '머리카락'을 지칭한다. 명사(털)로 활용된다.

봉逢 금문에서 '=(辵,가다)+(夆,끝에서 만나다)'이 조합한 형성자로서 '만나러 가다'는 뜻이다.【遭:조】길에서 만나다,【遇:우】약속하지 않고 만나다),【摙:팽,碰:팽,邂:해】뜻밖에 만나다,【逢:봉] 약속 장소에서 만나다.

ㅅ

사死 갑골문의 형태에는 두 가지가 있는데, ''는 '무릎 꿇고 시체를 보며 눈물 흘리는' 모양이며 ''은 '눈물 없이 시체를 보는' 모양이다. 죽음을 표현하는 한자어로는【別世별세】,【殞命운명】,【作故작고】,【逝去서거】,【死亡사망】,【崩御부어】(임금),【薨홍】(제후),【卒졸】(대부) 등이 사용된다.

사捨 금문의 '=扌+舍'는 '잠시 머무는 나그네에게 무료로 주다'는 뜻이었다. 이후 '버리다'는 뜻이 추가되어 활용된다.

사辭 금문에서는 ''의 모양으로 ' 복잡하게 얽힌 사건의 변론을 법관이 듣다'는 뜻을 나타내었다. 앞부분 ''은 '복잡하게 엉킨 실'을 본뜬 모양이고, 뒷부분 ''는 관리를 뜻한다. 소전으로 문자가 통일 되면서 뒷부분은 ''(법정에서 사용되는 도구)로 변형되었다. 본뜻은 고문에서만 사용되고 현재 명사(격식 언어)와 동사(이유를 밝히다, 사양하다)로 활용된다.

삼參 금문을 보면, ''의 모양으로 '박학한 노인이 별을 관측하다'는 뜻을 나타내는 회의자이며, 고문에서만 사용되며 현재는 본뜻을 잃어버렸다. 주로 동사(대조하다, 경배하다, 참가하다)와 수사(숫자 3)로 활용된다.

상相 갑골문에는 ''와 '' 두 가지 형태가 있으며, '木+目'의 회의자로서 '높은 곳에 올라가서 멀리 보다'는 뜻을 나타내었다. 이에 비해 '省'은 ''의 형태로 '마음을 비추어보다'는 뜻이다. '相'자는 본뜻을 잃고 동사(관찰하다, 돕다), 명사(용모, 모습, 보필자), 부사(서로) 등으로 활용된다.

상嘗 금문에 '=尙(고급)+旨(맛)'의 형성자로서 '질 좋은 고급 음식을 맛보다'는 뜻이며, 동사(시험 삼다, 겪다)와 부사(일찍이)로 활용된다. 고문에서는 '常'(항상)과 상통한다.

생生 갑골문에는 ''(지사)과 ''(회의) 두 가지 형태가 있으며, '땅에서 싹이 돋아나다'는 뜻을 나타낸다.

서徐 소전小篆을 보면 ''의 형태로 '이곳저곳 허술한 곳을 다니다'는 뜻이며, 이후 형용사(느긋하다, 침착하다), 부사(천천히, 차분히)로 활용된다.

선善 두 마리의 양이 마주하고 있는 '' 회의자로서 '차분하게 말을 주고받다'는 뜻이며, 형용사(보기 좋다, 훌륭하다), 동사(잘 하다), 부사(잘)로 활용된다.

석釋 금문에 '=釆(나눌 변)+睪(엿볼 역)'의 형성자로서 '나누어서 살펴보다'는 뜻을 나타내었다.

선鮮 금문에 '鮮'은 '=魚=羊'의 모양으로 '신선한 물고기'를 의미하였고, 허신許愼은 맥貉(북방지역)에서 잡히는 물고기라고 밝혔다.

설說

갑골문에는 ''의 모양으로 '하늘을 향하여 기도하다'는 뜻을 나타내었는데, 금문에 이르러 본뜻을 잃어버리고 '=言+兌(빛날 태)'의 회의자로서 '해명하다'는 뜻을 갖게 되었다. 현재는 동사(설; 해석하다, 설명하다), 동사(세; 달래다, 설득하다), 형용사(열; 기쁘다), 명사(설; 관점, 사상)으로 활용된다.

성成

갑골문에는 ', , ' 세 가지 형태를 보여주는 지사자로 '戈+口'를 결합하여 '무력으로 정복하다'는 뜻을 나타내었다. 본뜻은 고문에서만 사용되고, 동사(실현되다, 조합하다), 형용사(정해지다), 명사(성과, 결과), 단위명사(10분의1) 등으로 활용된다.

성省

갑골문은 '=生+目'의 회의자로서 '내면의 본성을 생각하다'는 뜻을 나타내었다. 금문의 ''은 갑골문에 '心'의 모양을 보태어 본뜻을 더욱 구체적으로 표현하였다. 동사(성찰하다, 망념을 줄이다, 탐색하다)와 명사(감독기관, 행정단위)로 활용된다.

성聖

갑골문에는 귀가 큰 사람을 나타내는 '=耳+人'의 회의자로서 '마음의 소리까지 들을 수 있는 지혜로운 자'를 뜻하였고, 춘추전국시대의 금문 '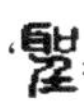=耳+口+壬'의 회의자로서 '전지전능한 예언자'를 의미하게 되었다.

세說

▶ '설說'항 참조

속屬

금문의 '=尾+蜀(눈을 부릅뜨고 살펴보다)'은 '대열의 끝에서 바라보다'의 뜻이다.

수誰 금문을 보면 '=言+隹(새 추)'가 결합한 회의자로서 '새가 낯선 사람을 향해 소리내다'는 뜻이었다. 본뜻을 잃고 현재는 의문대명사(누구)로 활용된다.

수雖 금문에서 '=口+虫+隹'의 회의자로서 '사람 소리에 반응하는 동물'을 뜻하였다. 본뜻은 고문에서만 활용되며, 허신許愼은 '虫+唯'의 형성자로 풀이하였다.

수垂 갑골문은 ''의 모양으로 '나뭇가지에 열매로 인해 아래로 쳐지다'라는 뜻을 나타내었다.

시施 전문篆文을 보면 '=旗+它(뱀 사)'의 형성자로서 '깃발이 펄럭이는 모양'을 나타내었지만, 예서隷書를 보면 '它'가 '也'로 변하여 ''로 굳어졌다. 현재는 원래 의미를 잃어버리고 동사(펼치다, 베풀다, 진행하다, 설치하다)의 뜻으로만 활용된다.

시視 갑골문의 모양 '=示+目'에 '제사를 지내며 하늘의 계시나 징조를 살펴보다'는 뜻을 나타내고 있다. 금문에서 '目'부분이 '見'으로 바뀌면서 '자세히 살펴보다'라는 의미가 덧붙었다.

신身 갑골문에서는 임신한 여성을 본뜬 '=女+o'의 상형자인데, 점차 '孕'(잉, 아이를 배다)로 교체되면서, 지금은 명사(신체, 사물의 중심 부분)로 활용된다.

신訊 갑골문의 ''은 '두 손을 결박당하여 심문을 받다'는 뜻으로 '심문하다'로 활용되며, 소전小篆에 이르러 '=言+卂(정보)'의 형성자로 변형되어 '소식'(명사)로 활용된다.

실悉 주문籒文의 '=囧(투명한 창문 경)+心'은 '완전히 마음을 알다'의 뜻이다.

심甚 금문의 '=甘+匕(수저)'은 '술에 취하여 노래 부르며 안락한 생활을 하다'는 뜻으로 旨(맛있을 지)를 뒤집은 모양이다. 본뜻이 '湛'(즐길 담)으로 교체되고, 형용사(과도하다, 과분하다), 동사(초과하다, 심하다), 부사(매우, 대단히) 등으로 활용된다.

악惡 전문篆文을 보면 '=亞+心'의 형성자로서 '마음으로 수긍하지 못하고 반감을 갖다'는 뜻으로 사용되었다. 현재는 형용사(악; 나쁘다), 형용사(오; 미워하다, 지독하다, 더럽다), 명사(악; 나쁜 짓, 허물), 부사(오; 어찌, 두렵게, 잔혹하게) 등으로 활용된다.

안岸 금문에 ''의 모양으로 '바위 밑이 물에 잠긴 채 위로 치솟은 바위'를 나타낸 글자이다.

양良 갑골문의 ''은 '궁전의 사방을 둘러싼 회랑(복도)'를 뜻하였고, 나중에 '郞'으로 변형되었다가 '廊'으로 교체되었다. 본뜻을 잃고 형용사(마음에 들다, 좋다, 이상적이다)와 부사(몹시, 대단히)로 활용된다.

어於 금문을 보면 ''의 모양으로 '다른 새의 둥지에 얹혀 살다'는 뜻이었다. 본뜻을 잃고 전치사(장소, 방향, 병렬, 비교)로 활용되며, 간혹 감탄사(아, 오)로 활용되었다.

언言 갑골문에 ''의 모양으로 '혀를 내밀다, 말을 뱉다'는 뜻을 나타낸 지사자이다. 이에 비해 '語'자는 '=言+五+口'의 모양으로 '몇 마디 하다'라는 뜻을 나타내는 형성자이다. '言語'(언어)는 '言(질문하다)+語(대답하다)'의 합성어이다.

업業 금문에서 '=辛(형벌도구)+去'의 모양으로 '혹독한 관리 하에 노동하다'는 뜻을 나타내며, 고문에서만 그 뜻이 남아 있다. 현재에는 명사(고난, 의무, 사명, 재산)와 부사(이미)로 활용된다.

여輿 갑골문을 보면 ''의 모양으로 '사람들이 미는 수레'를 나타낸 지사자이다. 본뜻은 고문에서만 사용되며, 현재는 형용사(사람이 많다), 명사(수레)로 활용된다. 【輿論:여론】

역亦 '亦'은 양쪽 겨드랑이를 나타내는 모양으로 ''을 본뜬 상형자이며, 점차 '腋'(액, 겨드랑이)로 교체되면서 본뜻을 잃고 부사로서 '마찬가지, 또한'의 뜻으로 활용된다.

연然 갑골문은 '=肉+火+犬'의 회의자로서 '사냥한 짐승을 굽다'는 뜻을 나타내었지만, 춘추시대에 이르러 '燃'(굽다, 불태우다)로 교체되었다. 본래 뜻을 잃어버리고 형용사(합리적이다, 정확하다), 명사(모습), 대명사(이것, 이렇게), 접속사(그런데) 등으로 활용된다.

연延 연延 ※ 금문의 '=彳(큰길)+止(다리)'은 '먼 길을 가다'를 뜻하며, 고문에서만 본뜻으로 사용된다. 현재는 동사(초청하다, 늘이다, 미루다)로 활용된다.

연緣 금문의 '=糸+彖(동물)'에서 '끈으로 동물을 묶다'는 뜻을 나타내었으나, 본뜻을 잃고 주로 동사(두르다, 포위하다), 명사(옷의 가장자리 봉제선, 원인)로 활용되며, 간혹 동사(따르다)와 접속사(말미암아)로도 사용된다.

오惡 ▶ '악惡'항 참조

외外 밤하늘의 별자리를 보며 점치는 '' 회의자이며, '멀리, 바깥'을 뜻하게 되었다.

우又 원형은 세 손가락으로 물건을 잡고 있는 모양 ''을 본뜬 상형자이며 '有'(가지고 있다)로 대체되고, 중복이나 나열의 부사로서 '또'의 뜻으로 사용되었다. 한편 '亦'은 양쪽 겨드랑이를 나타내는 모양''을 본뜬 상형자이며, '腋'(액, 겨드랑이)로 교체되고, 부사로서 '마찬가지, 또한'의 뜻으로 사용되었다.

운云 운云 ※ '云'은 '雲'의 본자이며, 갑골문에 ''의 모양으로 하늘의 기류를 나타낸 지사자이다. 고대에 하늘의 기운을 명확히 밝힐 수 없었으므로 '말하기를, 전하기를'로 활용된다.

위爲 갑골문에 '=爪(손)+象'의 회의자로서 '코끼리를 길들이다'는 뜻을 나타내었다. 본뜻을 잃고 동사(일을 하다, 성취하다, 공헌하다, 이루어지다, 말다, 되다)와 전치사(위하여, 대신하여), 접속사(때문에) 등으로 활용된다.

응應 금문에서 '=人+鳥'의 지사자로서 '기러기가 서로 호흡을 맞춰 줄지어 날아가다'는 뜻을 나타내었다. 소전小篆에 이르러 ''의 모양으로 '人'을 '广'(집 엄)으로 교체하고 '心'를 추가하여 사용되었다. 후에 본뜻을 잃고 '호흡을 맞추다'는 뜻만 강조하여 동사(화답하다, 협력하다, 대응하다)와 조동사(타당하

다, 해야 한다)로 활용된다.

의矣 갑골문에서 ''의 모양으로 '화살이 시위를 떠났다'는 뜻을 표시하였다. 현재는 본래 의미를 잃어버리고 완료종결사(~하였다), 한정종결사(~할 뿐이다, ~할 만하다)로 활용된다.

의議 금문에서 '=言+義'의 결합으로 회의자로서 '시비나 도리를 따지다'는 뜻을 나타내었다.

이已 갑골문에서 ''의 모양으로 '태아의 머리 위치가 뒤집혀 나올 때가 되다'는 뜻을 나타내는 상형자로서 '시간이 흘러 지나갔다'는 의미로 '了'와 상통하였다.

이而 갑골문의 ''는 턱수염의 상형이었으나, 본뜻을 잃고 2인칭 대명사(너, 그대)와 접속사(이어서, 그리하여)로 활용된다.

이利 갑골문의 '=禾+刀'은 '농작물을 재빨리 베다'라는 뜻을 가진 회의자인데, 본뜻을 잃고 현재는 명사(이익, 혜택), 형용사(날카롭다, 순조롭다), 동사(돕다, 이롭다) 등으로 활용된다.

이異 갑골문의 '=人+双+田(가면)'은 '제사나 형벌을 내릴 때 가면을 착용하다'는 뜻을 나타내었으나, '戴(대)'자로 교체되면서 형용사(이상하다, 특이하다)와 부사(기이하게)로 활용된다.

ㅈ

자者 갑골문은 ‘=木+火+八’의 회의자로서 ‘불타는 장작의 불꽃’을 나타내었으나, 금문에 이르러 ‘=木+八+口’의 회의자로서 ‘불타는 장작에 여럿이 모여 이야기를 나누다’는 뜻을 가미하였다. 나중에 본뜻을 잃으면서, ‘불태우다’를 강조하여 ‘煮’(삶을 자)로 교체되었고, ‘모여서 이야기하다’를 강조하여 ‘諸’(모두 제)로 교체되었다. 현재는 명사격후치사(~하는 것), 대명사(사람, 사물)로 활용된다.

자慈 금문에서 ‘=絲+心’의 형성자로서 ‘유연한 실처럼 부드러운 마음’을 뜻한다. 즉 모든 사람에게 실수나 악행에 대해서도 이해하고 감싸주는 후덕한 마음 상태를 말한다.

작作 갑골문에는 다섯 가지 모양이 있다. ‘, ’와 유사한 형태를 띠고 있으며, 금문에서는 ‘’의 형태로 나타난다. 모두 ‘나무를 칼로 깎아서 도구를 만들다’는 뜻을 표시하였는데, 전문篆文에서 ‘亻변’을 붙여 ‘인위적으로 만든 것’을 의미하였다.

잡雜 금문에 ‘=衣+集’은 ‘여러 색감의 천으로 기운 옷’을 나타낸 글자이다.

장長 갑골문에서 ‘長’자는 ‘’의 ‘머리가 흩날리는 모양’을 본뜬 상형자도 있고, 또 ‘’의 모양으로 지팡이를 추가한 회의자도 있다. 명사(늙은이, 어른, 우두머리), 동사(자라다, 발전하다), 형용사(길다, 오래되다), 부사(오래, 멀리) 등으로 활용된다.

재在 갑골문에서 ‘ ’의 모양으로 ‘대들보’를 뜻하는 상형자이고, 금문에서 ‘ ’의 모양으로 ‘땅에 집을 지어 정착하다’는 뜻을 나타내는 회의자였다. 소전小篆에서는 ‘ =才+土’의 형태로 바뀌면서 형성자가 되었으며, 예서隷書에서 지금의 글자 ‘在’가 되었다.

정停 전문篆文을 보면 ‘ =亻(나그네)+亭’의 회의자로서 ‘나그네가 잠시 쉬다’는 뜻을 나타내었다.

정挺 전문篆文을 보면 ‘ =扌+廷(직립)’의 형성자로서 ‘도전하다, 응전하다’는 뜻이었다. 동사(꼿꼿하다, 곧게 펴다), 형용사(곧다, 바르다), 부사(매우, 곧장) 등으로 활용된다.

존存 금문을 보면 ‘ ’의 형태로 ‘후손이 태어난 집’을 뜻하며, ‘在’(본뜻; 정착하다)에 비하여 ‘대를 이어 살다’는 의미로 사용되었다. ‘存’은 소전의 ‘ ’ 모양에서 유래한 것이다.

즉則 금문에는 법률조항이나 중요한 기록을 청동에 새겨서 오래 동안 보존하는 것을 본뜬 ‘ =鼎+刀’의 회의자였으나, 후에 ‘鍘(작도 찰)’로 교체되었다. 양보접속사(-한다면), 부사(곧장, 즉시), 명사(법규, 규범) 등으로 활용된다.

지知 전문篆文에서 ‘ =矢+口’의 회의자로서 ‘사냥이나 전쟁의 경험을 말하다’는 뜻을 나타내었으나, 현재는 본뜻을 잃고 명사(경험, 상식)와 동사(이해하다, 관리하다)로 활용된다. 갑골문에서 ‘ =干(목제 무기)+矢+口’의 회의자로서 ‘작전이나 계략을 짜다’는 뜻이며, 명사(전략, 사상), 형용사(똑똑하다), 부사(총명하게) 등으로 활용된다. 【慧】마음이 맑고 진상을 통찰하다, 【覺】분명하게 깨닫다, 【悟】본성을 알고 자아를 발견하다, 【禪】자아를 잊고 자연섭리를 알다

직直 갑골문을 보면 '=目+丨(정면)'의 지사자이며, '똑바로 정면을 보다'는 뜻을 표시하였다. 금문의 '=目+†(가늠자)+乚(곡선)'에는 굽은 것과 가늠자를 보태어 '반듯하다'는 뜻을 표시하였다.

진盡 갑골문의 '=皿+又+毛(솔)'은 '청결하게 그릇을 닦다'는 뜻이었으나, 본뜻을 잃어버리고 형용사(텅 비다)로 활용된다. '儘(다할 진)'과 병합되면서 동사(최선을 다하다), 부사(모조리)로 활용되고 있다.

질疾 갑골문에는 '=大+矢(화살 시)'의 모양으로 '화살을 맞은 사람'을 나타낸 지사자였으나, 금문에서는 '=疒+矢'의 모양으로 '부상을 입고 병상에 누운 사람'으로 글자모양이 변하였다. 외상外傷을 입은 것을 '疾'로 표현하고, 몸 내부가 아픈 것을 '病'으로 구별한다.

집執 갑골문에는 족쇄로 수갑을 채운 '' 모양으로 '범인을 체포하여 구금하다'는 뜻이었으나, 점차 '摯'(붙잡을지)로 교체되었고, 지금은 그 뜻이 확대된 동사(명령을 시행施行하다, 집행執行하다, 붙잡다, 달라붙다)로 활용된다.

ㅊ

착鑿 갑골문에서 '=丁+攴'의 회의자로서 '못을 치다'는 뜻을 나타내었으나, 금문에서 '=金+丁+臼'의 회의자로 변형되면서 '주형틀에 금속의 도구로 새기다'의 뜻으로 변하였다. 현재의 모양은 진秦 이후 문자가 통일되면서 예전의 모양을 합쳐 ''의 글자로 사용되었다.

착斲 전문篆文에서 '=豆+斤'의 모양으로 '굽이 달린 제기처럼 세워서 도구로 깎아내다'는 뜻이다. 현재는 '斫'(벨 작)와 상통한다.

처處 처處 ※ 금문에서 '=(범 머리)+(범 발톱)+(서있는 사람)'의 결합으로 '범이 사람을 해치다'는 뜻이었으나, 본뜻을 잃고, 동사(처벌하다, 처리하다, 머무르다, 사귀다)와 명사(주거, 장소, 행정단위)로 활용된다.

첨甛 첨甛 ※ 갑골문을 보면 ''의 모양으로 '혀로 맛보다'는 뜻을 나타내는 지사자로서 '甘+舌'의 형태로 반전되었다. 주로 형용사(달콤하다)로 활용된다.

청靑 갑골문의 '=屮(나오다)+丹(갱)'은 '갱도에서 이끼가 붙은 광석을 캐다'는 뜻이며, 예서隷書에 이르면 '(갱)'을 '月'의 형태로 변형하였다. 점차 본뜻을 잃고 '이끼의 색' 즉 '파란색'을 뜻하게 되었다. 고대에는 광석의 가루로 물감을 만들었는데, 주로 붉은 색과 파란 색을 사용하였다. 옛 건물이나 벽화에 '단청丹靑'이 많은 이유이다.

초初 갑골문을 보면 '=衣+人'의 모양으로 '원시인들이 옷을 입어 몸을 따뜻하게 보호하다'는 뜻을 나타내었다. 인류의 문명이 시작된 점을 강조하여 '처음'이란 뜻으로 활용된다.

초招 '招'자의 본래 글자는 '召'인데, 갑골문을 보면 '=(두 손)+(수저)+(부르다)+(식탁)'의 결합으로 '술과 밥을 차려놓고 손님을 초대하다'는 뜻을 나타낸 회의자이다.

추椎 갑골문에 '=木+隹'의 형성자로서 '새의 부리처럼 생긴 나무망치'를 본뜬 글자이다. 여기서도 목수들이 사용하는 몽치를 지칭한다.

취取 갑골문의 '=耳+又(잡다)'는 '적의 귀를 잘라 전투의 승리를 표시하다'는 뜻이다. 본뜻을 잃고 동사(획득하다, 가지다, 선택하다)로 활용된다

취就 금문의 '=又(손)+京'는 '높은 건축물을 짓다'는 뜻이었다. 본뜻은 고문에서만 사용되며, 현재는 동사(성취하다, 완성하다, 접근하다, 접수하다), 접속사(한다면, 때문에), 부사(반드시), 전치사(의거하여) 등으로 활용된다.

치治 물레방아를 돌리는 모양을 본뜬 글자 ''로서, '논밭의 관개灌漑'를 뜻하였으나, 진대秦代 이후 치수治水하는 모양 '=氵+台'의 회의자로 '수로를 열고 제방을 쌓아 홍수를 예방하는 일'을 의미하였다. 주로 동사(통제하다, 치료하다, 정리하다)로 활용된다.

칙則 금문에는 법률조항이나 중요한 기록을 청동에 새겨서 오래 동안 보존하는 것을 본뜬 '=鼎+刀'의 회의자였으나, 후에 '鍘(작도 찰)'로 교체되었다. 양보접속사(-한다면), 부사(곧장, 즉시), 명사(법규, 규범) 등으로 활용된다.

칭稱 어망魚網으로 물고기를 계속 잡는 '' 회의자로서 '뜻대로, 마음대로'의 의미이며, 동사(목표와 일치되다, 부합하다, 찬양하다, 부르다), 명사(호칭) 등으로 활용되며, 공정하게 식량을 재는 저울을 뜻하는 '秤'자의 가차자로서 활용된다.

ㅌ

타他 금문을 보면 '=(사람 이외의 것)+(사람)'이 결합한 형성자로서 '나를 제외한 3인칭'을 의미하였다. 현재는 일정한 범위 밖의 범칭으로도 활용된다. 고대에 3인칭은 '它', '佗'의 형태가 사용되었으나, 현재는 사물에 대해서만 활용되는 지시대명사이다.

타打 전문의 형태는 '=(手,치다)+(못)'이 결합한 형성자로서, '못을 치다'는 뜻이다. 본래 뜻은 고문에서 사용되며, 현재는 타격을 표현한 동사(두드리다. 때리다, 꺾다, 꽂다, 쏘다 등)와 일의 진행을 표현한 동사(일하다, 진행하다, 설계하다), 노출을 뜻하는 동사(드러나다, 밝혀지다) 등의 뜻으로 활용된다.

탄歎 전문에서 '=ㅂ(호흡)+(곤란함)'이 결합한 형성자로서 '호흡이 곤란하다'는 뜻이었다. 힘들고 어쩔 줄 모를 때 나오는 탄식을 표현하였다.

탈脫 전문에서 '=肉+兌(바꿀 태)'가 결합하여 '동물의 뼈를 추려내다'는 뜻을 타나낸 형성자이다. 본뜻은 고문에서만 사용되며 동사(벗다, 벗어나다, 없애다)로 활용된다. 불교의 【解脫:해탈】은 번민으로부터 벗어난 상태를 말하는데, '기쁘다'는 뜻으로 사용되기도 한다.

태兌 갑골문을 보면 '=(八,하늘을 향한 두 손)+(兄,기도하는 자세)'가 결합한 것으로 '간절히 기도하다'는 뜻을 나타내고 있다. 본뜻은 '說'가 대신하고, '기쁘다'는 뜻으로 사용되었는데 다시 '悅'가 대신하게 되었다. 현재는 동사(통용되다, 바꾸다)로만 활용된다.

통通 갑골문의 '=彳+用'은 '물물교환을 하러 다니다'의 뜻을 나타내던 글자였으나, 소전小篆에서 '彳(조금걸을 척)'이 '辵(쉬엄쉬엄갈 착)'으로 변형되면서 주로 '곧장 달려가다'는 뜻으로 사용되었다.

투鬪 갑골문을 보면 '=+'의 모양으로 두 사람의 팔이 겹쳐 상대하고 있음을 알 수 있으며, '서로 싸우다'는 모습을 본뜬 글자이다. 이체자異體字 【鬭】는 무기를 들고 싸우는 것을 의미하고, 【鬪】는 '豆+斗'를 사용하여 독음 부호를 강조한 것이며, 본래 글자는 【鬥】이다.

ㅍ

파波 금문을 보면 '=(坡의 축약)+(물줄기)'가 결합한 혈성자로서 '물의 흐름의 기복'을 표현한 글자이다. '波'는 파도의 상승하는 부분을, '浪'은 파도의 하강하는 부분을 구별하여 사용하였으나, 현재는 둘다 '파도, 물결'의 의미로 활용된다. 【波濤:파도】, 【電波:전파】, 【波動:파동】

파派 갑골문에서 보이는 ''는 물 흐름을 따라 수영하는 모습을 본뜬 지사자이다. 금문에서 ''는 연속되지 못하고 갈라지는 모양을 본떴다. 의미는 '물줄기가 여러 갈래로 나누어지다'는 뜻을 나타낸다. 전문에 보이는 ''는 여러 물줄기를 그려놓은 그림문자처럼 보인다. 예서체에 이르러 '派'의 형태를 갖추었다. 【分派:분파】, 【派閥:파벌】, 【派遣파견】, 【宗派:종파】, 【○○派:○○파】

판辦 전문에 보면 '=(법률 소송)+(力,강력하다)'의 결합으로 '엄격하게 법을 집행하다'는 뜻이었다. 현재는 동사(힘쓰다, 주관하다, 판별하다)로 활용된다.

포捕 금문에서 '=扌(붙잡다)+甫(밭, 정원)'의 모양으로 '밭에서 작은 동물을 잡다'는 뜻을 나타내고 있다.

필必 금문에는 창의 손잡이를 여러 겹으로 만든 것을 본뜬 '=八+弋(화살익)'의 지사자로서, '무기를 잡은 손을 보호하다'는 뜻이었으나, 점차 '柲'(자루 비)자로 대체되었다. 동사(유일하게 할 수 있다, 선택하지 않을 수 없다)와 부사(반드시)로 활용된다.

ㅎ

하何 갑골문에서는 ''의 모양으로 '어깨에 무기를 메고 지나가는 사람에게 캐묻다'는 뜻을 나타내었고, 금문에서는 '=亻+可'의 형성자로 무기의 모양을 뺀 모양으로 '어깨에 짊어지다'는 뜻만 남게 되었다.

하夏 갑골문을 보면 '=(맨발)+(농기구)'의 결합으로 '열심히 노동하다'는 뜻을 나타낸 회의자이다. 금문을 보면 '=(고민하는 얼굴)+爪(긁다)+執(붙잡다)+刀(개간하다)+卜(기상관측)+耒(농기구)'의 복잡한 모양이 있고, '=+(두 손)+(바쁜 다리)'로 결합한 것이 있는데, 모두 여름철 '농번기로 바쁘다'는 뜻을 나타내었다.

학學 갑골문을 보면 '=(주판)+(건물)'의 모양으로 '계산하는 방법을 가르치는 곳'을 표현한 것이다. 현대사회의 컴퓨터 역시 처음에 수치를 처리하는 기계에서 발달된 것이 흥미롭다. 또 다른 갑골문에는 ''의 모양도 있는데, ''(주판)의 양측에 ''(두 손)을 추가하여, '지도하다'는 뜻을 나타내었다. 금문金文에 이르면 ''의 모양으로 (건물)+(어린이)를 추가하여 배우는 대상을 표시하였다. '學'은 이론적인 지식을 배우는 것에 비해, '習'은 생활 속에서 실천하는 체험을 의미한다.

한恨 전문篆文에 보면 ''의 형태로 '화가 나서 눈을 부릅뜨고 쳐다보다'는 뜻을 나타낸다.

한限 금문에서 '=(阜,높은 산)+(돌아보다)'가 결합한 회의자로서 '험준하여 뒷걸음질 치다'는 뜻을 나타낸다. 본뜻은 고문에서만 사용되며, 동사(제한하다), 명사(경계선)으로 활용된다.

한寒 금문을 보면 '=冂(움집)+人+茻'의 회의자이며, '추운 날씨에 짚을 이용하여 몸을 보온하다'는 뜻을 나타내었다. 다른 금문에는 겨울의 얼음을 표시하는 '二'(冫)부호를 보태어 ''의 모양을 갖추고 있으며, 전문篆文에 이르면 '八'의 모양 ''으로 변형되었다. 예서隸書 이후 현재 사용하는 모양으로 자형이 정비되면서 형용사(춥다, 얼다, 청빈하다)로 활용된다.

항行 ▶'행行'항 참조

행行 갑골문의 '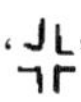'은 '사방이 트인 사거리'를 본든 상형자로서, 현재는 본뜻을 잃고, 명사(대열, 서열, 상점, 행위)와 동사(가다, 하다, 보내다, 흐르다)로 활용된다.

협夾 갑골문에 '=从+大'의 모양으로 '두 사람이 어떤 한 사람의 겨드랑이를 양측으로 잡아당기다'는 뜻이었으나 주로 '挾'자로 교체되어 사용된다.

형形 주문籒文에서 '=井(갱)+土(돌가루)+彡(빛깔)'의 모양으로 '착색하여 뚜렷한 도안'을 뜻한다.

홀忽 금문에 '=勿+心'의 결합으로 '마음을 쓰지 않다, 잊어버리다'는 뜻을 나타내며, 형용사(의외이다, 갑작스럽다), 부사(의외로, 갑자기)로 활용된다.

화禍 갑골문 ''는 '하늘이 인간에게 벌을 내리다'는 동사의 뜻이며, 금문에서 '=示+咼'의 형성자이다. 고대에 점占을 칠 때 뼈를 이용하였는데, 뒷부분의 '咼'는 '骨'의 변형이다. 즉 옛날 여와女媧를 믿는 종족이 하늘의 벌을 받아 분열된 일을 의미한다. 지금은 명사(불행한 사건)로만 활용된다.

환還 갑골문에서 '=行+眉(살피다)+方(변경귀양)'의 결합으로 '고향으로 돌아가기를 바라다'는 뜻을 나타내었다. 소전에서 '行'부분을 '辵'으로 변형되면서, '돌아오다'는 뜻도 추가되었다.

황黃 갑골문에서 '=矢(화살)+口(과녁)'의 모양으로 '적갈색으로 표시한 과녁의 중앙'을 나타낸 지사자이다. 허신許愼은 '땅의 색'으로 풀이하였다. '廣(광)=广+黃'자는 고대 활을 쏘는 넓은 장소를 의미한다.

효孝 갑골문에서 '=老+子'가 결합한 회의자로서 '아들 손자가 늙은 부모나 연장자를 부축하다'는 뜻을 나타낸다.

이야기 한문 _ 한자의 원형분석

2015년 10월 25일 초판 발행
2019년 8월 25일 1쇄 발행

지 은 이 최성일
발 행 인 배영환
발 행 처 도서출판 현우사
등록번호 제10-929호
주 소 서울시 영등포구 양산로 128(당산동 1가 306) 백양빌딩 501호
Tel 02) 2637-4806, 4863 Fax 02) 2637-4807
홈페이지 www.hyunwoosa.co.kr
E-mail okpress1208@naver.com
정 가 15,000 원
I S B N 978-89-8081-475-6 03700